Be Water, My Friend

The Teachings of Bruce Lee

似水無形，李小龍的人生哲學

水很柔弱，卻能穿透最堅硬的物質，
你感覺它平靜停滯，卻正流進任何可能的地方。

Bruce Lee Family Company
執行長、李小龍之女
李香凝 Shannon Lee ◎著
廖桓偉 ◎譯

目錄

第二章

空杯以對，才有喝不完的好茶 061

目錄

第五章

靈魂與肌肉一樣，沒操過就不會變壯 147

目錄

目錄

第十章

推薦序一

成為藝術品的生命：無限與有限的永恆辨證

長榮大學應用哲學系助理教授／洪菁勵

活著，就是透過創作來自由表達自己。——李小龍

這是一本好看的書。展開書頁，涓涓字句如滴水，緩緩鑿出一道溪流，充滿雜訊的身體隨溪流，時而靜謐時而湍急的晃蕩前行，搖曳中，一場喃喃的自我對話也隨之開啟。我是如何成為現在的自己？我想成為什麼？想活成什麼樣子？我了解自己了嗎？

為此書推薦似乎出於偶然，卻又不像偶然。細讀此書時，回想起自己在研究所時期一邊讀哲學一邊練拳的經驗，也想起曾短暫待過劇團追逐戲劇夢的青春。

對照起李小龍由武術、戲劇、哲學交織的生命，似乎有那麼一些相似的連結，而那些

突出在我們各自生命中，被人看到或記得的樣貌又切開了這個連結。我們或許各自以生命的某個切面展示在人面前，然而我們其實都在回應一個由蘇格拉底開啟的古老哲學問題：「認識你自己」（Know thyself）。

在古希臘哲學的傳統中，一位哲學門生在初始的訓練中得要學著靜默觀察老師言行，不能說話，接著幾年是書寫記錄自己的言行並從中檢討，即便成為一位哲學家或老師，他仍會持續書寫的習慣，以書信的方式與可以對自己坦言的朋友尋求建議或給予洞察。

這一連串的過程意味著從安靜中學習倒空自己、留心觀察，接著將領受到的真理透過言行表達出來，真理的言行表達需要透過反覆的練習，與敏銳的察覺真理與言行之間的落差，而書寫就是記錄這落差逐漸縮小的過程。

換言之，哲學是實踐真理的功夫，實踐真理即是要一步步認識真實的自己，並將這個真實的自己表達出來，到一個地步，這個實踐真理的生命本身就是真理。

李小龍在一九六九年寫下的〈我的目標〉中提到：「我，李小龍，將會成為美國片酬最高的東方超級巨星。」而一九七三年的他，正在參與即將成為全球賣座電影《龍爭虎鬥》的拍攝。

我們或許會訝異他的夢想預言竟然實現了，然而更值得我們驚奇的是「生命的自我帶領」，它會引導我們認識自己並實現自己。

什麼是實現自己？探索且認識在我這個生命中所具有的天賦能力並將之表達。人真正的滿足來自於這種真實的自我表達。這不是一件簡單的事，它是一套功夫。

李小龍生命中也遇到不少挑戰，或來自於自己或來自環境，但他仍時刻回應自己對武術與表演的熱情、真誠的自我探索、專注在自己的目標中，在挫折中沉澱，像水一樣專注在它的流動性中，而不是專注在它所待的容器裡；他不被環境所定義，而以自己的靈活性展現各種可能，直到它流進大海的那一刻，回顧那條被水刻鑿出的河道，正向世界展示它的獨一無二。

每一個生命都有這樣的可能性，但它需要行動來表達，當它被充分表達時，就形成一道光，鼓舞其他的光出現。打開這本書進入溫暖的光中，穩妥安歇其中，和自己對話，一步步學習勇敢的回應專屬於你的熱情。

推薦序二

截拳道不只是武術，也是一門哲學思想

「台灣截拳道總館」首席教練／連峰祥

截拳道是由師父李小龍先生所創立，他在年輕時拜入葉問宗師門下學習詠春拳，其後也接觸了許多其他門派的中國傳統武術。然而，他也發覺到傳統武術都有著門派的侷限，亦即只能使用本門的招式，而不能使用以外的招式。

李小龍認為「武術是要快速擊倒對手保護自己！」應該要能夠使用各種有效的技巧，為何要有所限制呢？於是「跳脫門派藩籬，還原武術本質」的念頭由此萌生，截拳道的第一項精神便是「摒棄門派之見」。

李小龍而後接觸了許多外國武術，包括拳擊、西洋劍、跆拳道、空手道、柔道、泰拳、菲律賓武術……等，以及收藏逾兩千六百本武術相關書籍，目的都是為了使自己的武術更加全面，這裡也道出了截拳道的第二項精神：「能吸收其他武術優點化為己用」。

在專研了許多武術之後，他發現不論是什麼武術都脫離不了「人」這個媒介，應該要更重視人體結構的本質，完整發揮自己，運用全身武器。所以截拳道的第三項精神，即是「無固定招式」。

據聞李小龍經常向人發起挑戰，也常有人挑戰他，但他的目的只是為了改進自己的武術，去除華而不實的部分，而截拳道的最後一項精神就是「驗證及精簡」。

期間他就讀西雅圖華盛頓大學（University of Washington），主修心理學與戲劇，也選修了哲學，並將中國武術融入西方哲學思想，而其中最能代表截拳道的一句話就是：「以無限為有限，以無法為有法」。

雖然一句簡單的話就包含了前述幾項截拳道精神，卻也難以用英文解釋清楚，為了讓外國人更容易理解他的武術哲學，在一次訪談節目中他這麼解釋：「要像水一樣，水沒有形狀，卻又可以是任何形狀；把它倒入瓶子，它就是瓶子的形狀，把它倒入茶壺，它就是茶壺的形狀！」

這個水的比喻既簡單又清楚，同時也將武術帶到了另一個境界，引領潮流。至今仍不斷有眾多年輕人追隨師父李小龍。

在我們台灣截拳道總館的晉階檢定中，有一個項目是要學員述說截拳道理論在生活中的相關之處，我們稱為「旁通」。

因為截拳道的理論可以用在人體「所有動作」上，除了實戰格鬥，任何只要是人體的運動，都能應用截拳道的哲學！

舉例來說：截拳道中有一項理論叫做「爆發」，可以用在所有需要加速的動作上，使用更小的力量，達到更快的速度，既輕鬆又省力！想想看有那些運動需要加速呢？這項考試的目的是希望學員學習了截拳道之後，除了功夫也能培養宏觀的視野，並同時在其他領域有所提升。

簡言之，截拳道不只是一門武術，同時也是一門哲學思想，可以是人們的心靈雞湯，即使不學習截拳道，只研讀截拳道的哲學理論也能夠提升心靈層次！

推薦序三

似水一般忠實的呈現自我吧，我的朋友！

台灣李小龍迷 Taiwan Dragon Collector 會長／陳宗榮

「水可靜靜流淌，亦可猛烈衝擊；像水一樣吧，我的朋友。」這句出自李小龍的哲學理念，不管是待人處世，抑或踏入職場，遠遠影響我的生活至今，受用無窮。

很多人都是藉由電影、影集去認識李小龍，認為他只是個武打巨星，大多著墨於他的電影和武術，殊不知他在各方面都是非常傑出的人，尤以哲學、思想這部分，可能受限於他的外在形象，所以鮮少人了解，只能透過報章媒體輕描淡寫帶過。但若你深入去了解李小龍的哲學理念，你會發現，這跟你生活上所遇到的意境是不謀而合的。

而我跟一般龍迷一樣，都是先受到李小龍的電影洗禮，而迷上這位響譽國際的武打巨星，甚至模仿他，羨慕其兒女等種種瘋狂粉絲行為，進而開始搜刮其相關周邊商品，以及他的相關著作，甚至接觸其一手創立的截拳道。

而我也從中認識，李小龍並非只是個武學家如此簡單而已，他的哲學理念，常在我遇到挫折時，如湧泉般剎那間注入，那樣的清晰、透澈，指引我要像水一樣，能屈能伸，永不言棄的繼續前進。

李小龍曾說：「我無法教你什麼，只能幫助你探求你自己，除此之外，別無他法。」以這本書為例，既不是武學祕笈也不是沉重的哲學書籍，閱讀時，你不會覺得是在看一本書，而是重新認識一位武打巨星的另一種風貌，由他親身所見所聞而內化後的生活處世哲學。

老子也曾說：「上善若水。」指做人要像水一樣，要有極大的可塑性。這本書介紹了很多層面，但都脫離不了「自我認識」與「心理素質」。

以水為例，因每個人的思考方式不同，太靠近某個人的思想河流是相當危險的，水流越湍急，掉進河裡，被水沖走的危險性相對提高，同時也迷失了自我，唯有自我認識，才能更清楚的認識世間萬物。

而為了實現這些可能，就更應該帶有一點韌性和堅強的意志，在必要的時候勇敢一點，對於很多人生的障礙就能夠輕鬆度過。好比在職場上，有時候我們身段要放軟，因為態度堅硬易引起衝突，唯有那些處事圓融，帶有韌性和彈性的人才能克服更多不必要的紛爭，也會戰勝無數的難關。

李小龍也說過：「成功只屬於那些想成功的人。如果你沒有盯緊某件事物，難道你以為自己真的可以得到嗎？」

勝利是屬於那些相信自己做得到的人。人生的成長是一個不斷演進的過程，要活在當下，而不是只為了某種目的才活著。李小龍之所以一直強調似水般忠實的呈現自我，是因我們每個人都是獨立的個體，而你的人生是由你自己來決定，人生即是修行，修行即人生，就等著你自己去體會。

雖然李小龍已離開了，但精神永遠活在我的心中，正如李小龍所寫的一篇詩裡的幾句話，「你從我腦中跑出來，跑進我的心裡，記住，我會永遠牽掛著你。」一直到現在，李小龍說過的每句哲學理念仍深深影響著我。

記住，成功人生的唯一途徑，簡而化之，似水，我的朋友！

李小龍大事記

年分	事件
一九四〇年	十一月二十七日，出生於美國舊金山，本名李振藩，乳名細鳳，藝名李小龍。
一九四一年	僅三個月大的李小龍就在粵語片《金門女》（*Golden Gate Girl*）中亮相，隨後便開啟童星生涯（曾使用「小李海泉（其父之名）」、「李鑫」、「李敏」等藝名），在同年五月與父母一起回到香港。
一九五一年	出演香港電影《人之初》時，首次使用「李小龍」為藝名。
一九五三年	在其友張卓慶的引薦下，拜一代宗師葉問為師，開始學習詠春拳。
一九五七年	獲得校際西洋拳擊少年組冠軍。
一九五八年	獲得全港恰恰舞公開賽冠軍。
一九五九年	赴美學習，曾居住在舊金山、西雅圖等地，並先後開設了恰恰舞學院、武館。
一九六〇年	主演的《人海孤鴻》上映，是李小龍赴美求學前的最後一部粵語片。
一九六一年	進入西雅圖華盛頓大學，主修心理學、戲劇，並副修了哲學，同時也結識了未來的妻子蓮達·李·卡德威爾（Linda Lee Cadwell）。
一九六二年	在西雅圖唐人街成立第一家公開的「振藩國術館」。

（接下頁）

年分	事件
一九六三年	唯一一部生前完成的著作《基本中國拳法》出版。
一九六四年	與妻子蓮達在西雅圖舉行結婚典禮。
一九六六年	與美國廣播公司（American Broadcasting Company，簡稱 ABC）簽訂了三十集電視劇《青蜂俠》（*The Green Hornet*）的演出合約，但全劇只播出了一季，共二十六集。
一九六七年	正式創立「截拳道」，且受邀出席全美空手道大賽、長堤國際空手道大賽，進行了各種示範表演。
一九七一年	簽約加盟香港「嘉禾」電影公司，同年上映的《唐山大兄》，創下了香港開埠以來的電影最高票房紀錄，達到三百萬港幣。
一九七二年	李小龍在《精武門》中飾演霍元甲弟子陳真，首次使出了他的招牌「雙節棍」，並道出一句經典對白：「中國人不是東亞病夫」，自此成為一大經典，首輪上映即創下四百四十萬港幣的票房，再創歷史新高。 同時與嘉禾公司合組「協和」公司，開拍個人代表作《猛龍過江》，並在同年底上映，此為李小龍唯一一部自編自導自演的電影。

（接下頁）

年分	事件
一九七三年	七月二十日，李小龍在臺灣女星丁珮香港家中暈倒，送往醫院急救後仍宣告不治。 八月十七日由美國華納兄弟（Warner Bros. Entertainment, Inc.）公司及香港嘉禾公司出品的《龍爭虎鬥》上映，此片為李小龍第一次在好萊塢電影中擔任主角，也是最後一部在他生前完整完成的作品。
一九七九年	嘉禾公司為李小龍遺作《死亡遊戲》完成拍攝，在美上映；洛杉磯市政府甚至將此作的上映日——六月八日訂為「李小龍日」。
一九九八年	獲《時代》雜誌（*TIME*）評為「二十世紀的英雄與偶像」，且是唯一入選的華人；獲得美國演藝同業工會「終身成就獎」。
一九九九年	《時代》雜誌將李小龍評為二十世紀最具影響力的一百人之一。

前言

化為水吧，我的朋友！

放空你的心。如水一般無形。
水倒入杯中，成為杯子；水倒入茶壺，成為茶壺；
水倒入瓶子，成為瓶子；水自在流動，亦無堅不摧。
化為水吧，我的朋友！

小時候，我媽曾經告誡我跟哥哥，不要跟別人說我們的爸爸是李小龍。她說：「讓別人在不知情的情況下認識你們吧！」這個建議很棒，許多年來我跟別人談話時，都盡量避談這個話題。不過，當我的朋友來家裡拜訪，一看到牆上的全家福照片就知道了。

但當時我的朋友都是還在念小學的女孩子，反應也不過是聳聳肩而已，之後我們就去溜冰跟騎腳踏車了。等到我長大以後，我開始覺得自己就像在守護一個祕密，而且越來越難避談這件事，尤其在我全職看管父親的遺產之後。

假如我連一般人打破尷尬用的問題都避開（像是「你從事什麼工作？」、「你是怎麼踏入這一行的？」），我就會覺得自己不只是隱瞞，而是故意說謊誤導別人，而且這種感覺很不好。畢竟，身為李小龍的女兒沒什麼好羞恥的——我甚至覺得很驕傲。

但我得說，身為李小龍的女兒，以及面對別人知情之後的誇張反應，有時對我來說還真是一大挑戰。或許這也是為什麼，我覺得父親的「自我實現」核心哲學（沒錯，李小龍是哲學家！）能與我產生極深的共鳴。

一個人要怎麼以自己的基因為榮，卻又能理解它跟自己的靈魂無關？或是有關？我決定花費大半輩子，保護並宣揚某個人留下的事物，而我人生就是他賜予的，他對我意義重大。因此關於身分認同的問題，開始變得模糊不堪。

「妳對妳的父親有什麼印象？」

這是我最常被問及的問題，它曾經讓我非常困擾，因為我無法清楚回答。李小龍在我四歲時就過世了，所以我跟他之間沒有太多故事可以分享，他也沒有像同時代的人那樣，將他精妙的智慧直接傳授給我，甚至連特別寫信給我都沒有。儘管如此，我還是覺得自己非常了解他，這我該怎麼解釋？我覺得自己比那些「認識」他的人更了解他，但我該怎麼清楚表達？

我後來才明白，我對他本能性的感覺，其實來自我對他的記憶。衝突、傷害、嫉妒、競爭、甚至過度浪漫化的概念，都沒有阻礙我真正認識他，所以我認識的李小龍，是來自他的愛，他的能量象徵。

在人類的性格形成期，通常是透過感官接收到的事物來認識父母，大多數小孩在四歲以前，都不會有形式完整、認知成熟的記憶。我們必須隨著時間，學習如何詮釋自己透過環境接收到的事物，並與之互動。而這就是我們小時候經常做錯事情的原因；我們誤解對方的意思，因為我們無法了解整件事的細微之處。我們還沒有人生經驗，但我們會感到一切事物的本質，某方面來說比大人還敏銳。我的父親用愛的光輝照耀我，而我記得一清二楚。我記得他的本性，我記得他。

李小龍在許多方面真的是很傑出的人——他聰明、有創意、博學、武藝高超、奮發向上。每個面向他都非常努力的培養。有一次他說：「有些人可能不相信，但我會花費好幾小時只為了把一件事情做到完美。」他不只鍛鍊身體，也形塑心智；教育自己、精進修行、發展潛能。

他對小地方也很認真，例如他的手寫字很漂亮，說話與寫作的文法都很好、透過笑話來認識英文的口語、學習當電影導演……我講都講不完。也因為這樣，他留給後人的寶貴資產，直到他過世四十八年後（按：李小龍生於一九四〇年十一月二十七日，卒於一九七三年七月二十日）依舊具有影響力。

成為「最好的你自己」

在開始實踐並理解他的哲學之後，我學到了一件事：你不必像李小龍一樣，也可以充分實踐自己的人生。相信我吧。身為他的女兒，我曾經想成為他、遵循他的處世之道，希望至少能達到他的十分之一。但我給自己的壓力，大到令我喘不過氣、動彈不得、甚至心生恐懼。而我的人生也因為這樣，停下腳步好幾次。

不過在這種時候，我會深呼吸並想起一件事：李小龍並沒有要我變成李小龍。真是謝天謝地。而你在本書中也會發現，李小龍是希望你能夠成為「最好的你自己」。以李小龍的角度來說，這完全是另一回事，畢竟你就是你嘛。

然而你也絕對想不到，李小龍自己其實有很多事情做不好，他連換燈泡跟煎蛋都不太會。我真想看看他組宜家（IKEA）家具的樣子（我覺得，他會沮喪到把家具摔成碎片，把扳手扔向板子出氣，然後那支扳手會突兀的卡在上面）。但撇開這件事不談，他的話語能鼓勵你自我實現，而在過程中你也能了解自己真正的本質，知道你的潛能會往哪個方向發展，以及如何培養這個自己。

從過程中浮現出的事物，會與李小龍一樣獨特、明亮、振奮人心、精力充沛，而且是你透過自己的方式，努力發展後獲得的。不僅如此，最後你還會體悟到自己的「核心目標」是什麼，進而使你的心靈更平靜、喜悅。

這也是我迷上李小龍的原因。絕對不是因為印著他的T恤很酷（雖然那些T恤真的很酷），而是因為我已經被他的話語與修行深深感動與治癒，當你讀完本書之後也會了解的。假如我沒有真心認為這件事值得花費時間來宣傳，我也不會投入大半的人生，推廣他留下來的資產。

我希望你能了解李小龍極度豁達、啟發人心的那一面，正如我所知曉、體驗到的那樣。我希望你能從中獲得一點小啟示，為你的人生增添價值與養分。我也希望你能與我寫在書中的家庭故事產生共鳴，並從中找到適用於自己的內容。

那麼我有什麼資格做你的嚮導？我不是研究人員、教育家、治療師或人生教練。除了懂李小龍之外，我沒有其他專業知識。而且就連「懂李小龍」也不算什麼專業，因為我並不是透過大量知識、時間與事件學會的，而是因為我認識他、被他所愛、感激他的恩惠、盡可能遵循他的話語而活，並努力尋找自我。

就算我沒有學位與專業知識，我還是寫了這本書，作為一種處方、寓言與啟示錄。對於已在靈魂之旅走過很長一段路的你，本書有些地方或許會讓你覺得太簡單，但這是我故意的。我希望降低門檻，盡可能讓更多人了解這些概念。但當你讀到越後面，你就能得到更深度的訊息。我希望你能跟著我，一起探索其中的來龍去脈。

武術家、演員、哲學家──這些都是李小龍

在本書中，我會盡可能向你傳授**李小龍「化為水」**（**Be Water**）**的哲學**，以及我多年潛心研究他的人生與事蹟之後，如何理解這套哲學。如果你不熟悉這句名言，那讓我跟你介紹一下。

起初李小龍是在練武時理解這個道理，**「化為水」是為了體現人生的柔軟與自在**。水

能夠隨著容器調整形狀，可強可弱，永遠保持自己簡潔自然的狀態，卻又能找到方向往前流動。現在想像一下，如果你能學會像水一般有彈性與感受力、既柔順又無法阻擋，那會如何呢？對像李小龍這樣的武術家來說，這就是武藝的極致；對我來說，則是自我表達、力量與自由的極致。

我真心相信（而且不只我相信），李小龍除了是動作片明星兼武術家，其實也是二十世紀最著名、最有深度的哲學家之一。了解他這一面的人並不多，由於他的外在形象，因此大家很難把他當成知識分子。

當我們想到哲學家時，通常會覺得他有學者的氣質，宛如書中會出現的人物，或者時不時說出一些啟發人心、具有教育意義的話，因此我們不會聯想到動作片演員。但李小龍遠遠不只是個武打明星——只要見識過他的生活方式與他留下來的字句，你就知道了。

但我並沒有嚴謹到把他的話分毫不差的抄寫下來，為了讓我能更清楚闡述自己想說的事情，有些話我會直接引用，有些則經過編輯，讓讀者更好消化。我運用各種類型的語言（俚語、口語、文化對比），盡可能講重點讓它們更實用。也請各位讀者務必了解，無論你是誰、你的身分為何，本書都是為你而寫的。

這本書並非鑽研某個領域的教育書籍。你最好把它當成一本指南，讓你邁向充滿未知與可能性的人生。而我雖然身為你的嚮導，卻也還在學習與成長中。但正如李小龍所說：

「美滿的人生是一段過程，不是一種狀態。它是方向，不是終點。」

在你繼續讀下去之前，我想先提醒你，書中的內容在本質上不是完全線性的邏輯，而是一種相對的概念。某些地方我會建議你運用大腦思考，但之後的幾頁，我可能會希望你放下理性，用心感受。

這種乍看之下的矛盾，或許會令你很頭痛，但它們並非真的矛盾，只是因應不斷變化的局面所做的不同回應。請記住，李小龍的哲學——更精確來說是「化為水」原則——其實是一種動態系統，包含了所有存在的可能。如果你摸不著頭緒，就請試著想像水的特性（柔韌、靈活）吧！

最重要的是，本書的目標，並非要教導你對所有事物都採取一套固定的立場或程序，畢竟人生也不可能按照固定的程序。你可能會突然遇到車子爆胎，也可能意外領到一筆獎金。我們必須為人生所有曲折與起伏騰出空間，並從中學會彈性與感受力，使自己保持自然且無法阻擋。

你不可能在一夕之間，就學會將你的整體潛能與靈活性發揮到極致。起初你可能會嘗到成功的滋味，覺得自己全懂了，但全新的挑戰迎面而來後，所有糟糕的舊習慣又都跑了出來，這種挫折感會讓你想搥牆洩憤。此刻你必須做出抉擇：放棄，還是成長？

如果遇到這種情況，請記得李小龍的話：「人必須以挫折磨練自己，才會有所成長，否則他沒有動機去探索自身的意義，以及發展屬於自己應對世界的方法。」

如果你永遠不嘗試困難或有挑戰的事情，那麼當你第一次遇到困難與挑戰時，你就會被迎面痛擊，然後不知道該怎麼辦，蜷縮在角落發抖。所以**請把挫折當成你的老師，或者朋友。試著聆聽它對你說了什麼事情——關於你自己，以及你的能力、信念、該努力的地方、真正想要與珍愛的事物**——然後讓它引導你更充分了解自己。隨著時間經過，我保證你的人生會更開闊，而你也會開始覺得自己更有力量、更自由。

當我們一起踏上水之旅程時，會談論到充滿活力的專注與喜悅、如何應對挫敗與挑戰性的局面、培養對自己與此過程的信念、主動審視自己的人生，以及如何找到初衷，達到心靈上的平靜。

雖然這種修行令人興奮，但它終究是修行，一定會犯錯和遇到阻礙。但我們投入的是長期的志業，要用一輩子來實踐。

在這一輩子的修行中，我們要啟發自己、培養出樂觀態度。我們知道這需要付出努力，而且過程中將會遭遇失敗，但我們仍然希望自己能從中學習與成長，進而變得越來越好。我們將會學到怎麼採取合適態度，使我們在自我修行的時候，能夠既放鬆又做足準備。而最重要的是，要記得我們並不是要成為李小龍，而是成為完整的自己。

順帶一提，其實你早就開始修行了，我們這一輩子都斷斷續續的在修行。所有人都在試圖充分運用自己的人生，只是我們沒有察覺到而已。

本書提供的內容，僅僅是對於修行的另一種觀點，只要你有好奇心、拿起這本書想看看它寫了什麼，就表示你有興趣進一步了解自己。且讓我們順水推舟，把這場修行當成一種樂趣、一種大型實驗吧。

這場修行終究是為了要找到你所愛的、賦予你活力的事物、你的夢想，以及你的本質。所以請你準備好，並且如同李小龍說的一樣，在我們前進的路途中抱持以下觀點：

不必緊張，但要有準備；不必多想，也不做夢；不要固執，而要有彈性。全然且寧靜的活著、留心與警戒；為任何可能到來的事態做準備……。

第一章

李小龍的水之道，從詠春開始

水是世界上最柔軟的物質，人們可以將它裝在小瓶子裡，
讓它看起來好像很弱。事實上，它能夠穿透世界上最硬的物質。
這就對了！我想要跟水一樣！

武術（martial arts）是李小龍的真愛。他從十三歲開始練詠春拳，直到三十二歲過世為止，他幾乎每天都在練武。他曾談到自己對於武術的熱情：**「我學到的一切事物，都是透過練武而來。」**他的頭腦極度敏銳且富有洞察力，而我經常覺得，他有這樣的頭腦卻如此喜愛肉體與格鬥方面的修行，還真是命運的絕佳安排。

事實證明，武術就是人生的完美隱喻。很少有其他訓練的風險像武術這麼高、而且全由個人承擔。精通武術，就是訓練自己在最危急的狀況下（也就是身體面臨受傷的威脅時），集中精神並熟練的做出反應。當你精通武術，除了能夠以高超技巧沉著面對戰鬥，你還會成為「身體的藝術家」，能及時以強大的氣勢表達自己，並展露出絕對的自由與自信。若你想在個人安全或生命面臨危險時，還能保持警戒、機動與熟練的話，就需要高度的自制力。

李小龍在人生的每個面向都貫徹這套哲學，他總是在求「真」；真實的打鬥、真正的生活、測試自己的技巧、日常生活的應用。他不想算自己拿了多少分數，或是「輕輕碰了」對手幾下——他認為格鬥賽事的風格就是這樣。這種分數導向的格鬥比賽，再加上一大堆不打傷對方也能得分的規則，被李小龍戲稱為「游乾泳」。

但他並不會到處找人比劃（不過他確實有打過幾場實戰），而是全力以赴的訓練自己。雖然許多武術都有使用護具，但李小龍改造的練拳裝備、搏擊交戰穿戴的全身防護，在當時可謂創舉。他把棒球手套壓平，然後將襯墊塞滿裡面，製作出拳擊手靶。此外，他也改造過捕手護胸、拳擊用品與劍道的指關節護套。這些裝備演變至今已經是常態，但在一九六〇年代，練中國功夫的人之中，沒有人使用過這種裝備。

透過高強度的肉體訓練與打鬥，李小龍便有機會將心中的概念轉化為身體的動作，他所奉行的哲學，大多數（幾乎全部）的目的，在一開始都是為了要成為成功的武術家，而想出的方法。後來他也發現，這些武術理念的應用範圍既廣又深，而且也很適合應用於做人的藝術。

「化為水」的哲學，源自葉問的懲罰

李小龍十三歲時，開始在香港學習功夫。他的師父叫做葉問。葉問是一位武藝高超的師父，他不只傳授詠春拳的技巧，也將道家哲學與陰陽原則融入課程中。他經常藉由大自然的寓言故事，來闡述自己的教學內容，例如**以橡樹與竹子的差異來舉例。橡樹最後會被強風折斷，而竹子卻能存活，因為它能夠隨風擺動。**

李小龍是個認真的學生，而且學得很快。課餘時間他一有空就會練武，後來也成了葉問的得意門生。但他同時也只是個青少年，小時候綽號叫做「坐不住」，也就是「莫思停」的意思。後來他的暱稱與藝名則是「小龍」。李小龍生於龍年的龍時，是「八字全陽」的人。對於這位如烈火一般的年輕人，葉問總是教導他溫和、流動與柔韌的重要性，不能只追求力量與取勝。

李小龍有聽進去，也會試著照做，但他總是克制不住自己的熱情（與脾氣）；況且他也很納悶：管它什麼方法，只要能打贏不就好了？脾氣溫和是要怎麼打贏別人？

有一天，葉問試著教導年輕的李小龍如何放鬆、鎮定心思，並且忘掉自己，學習「見招拆招」。基本上，葉問是在教李小龍怎麼「超脫自己」——以直覺來反應對手的行動，而不是過度拘泥於自己的策略、執著於計算自己的出拳與招式。

李小龍既聰明又好鬥，但也因為這樣而拘泥於自我。葉問只要看到他皺著眉頭不斷流汗的模樣，就會不厭其煩的介入練習，告訴他，要順其自然才能控制能量。

「千萬不要違抗自然。」葉問告訴他。「千萬不要想直接對抗任何問題，而是要跟問題周旋，進而控制它。」有次葉問甚至阻止李小龍繼續練武，然後說道：「這星期就不要練了，回家好好思考我說的話吧。」

這星期就不要練了？對李小龍來說這等於一整個星期都不能呼吸！李小龍雖然被趕出課堂，但還是偷偷自己練習，然後獨自陷入深思，希望能理解師父想表達的意思。他感到很挫折，而且被壓抑的精力無處發洩，於是有一天，他決定從香港的港口划小船出遊，心不甘情不願的打發這段多出來的自由時間。

他划了一陣子之後，停下來躺在船上，任由波浪起伏。隨著船身搖動，他開始回想師父的督促，以及自己花在訓練上的時間。他哪裡做錯了？為什麼他聽不懂師父在說什麼？這根本沒道理！他沮喪到了極點，氣到翻過身去，使勁搥了南海的海水好幾下。

突然間他靈光一閃，低頭看著浸溼的雙手。李小龍後來在下面這篇文章寫到這件事：

> 海水不就正在向我闡述功夫的原則嗎？我搥它，但它毫髮無傷。而且我是用盡全力去搥的，但它還是沒受傷！然後我試著用手把水抓起來，但根本不可能辦到。水是世界上最柔軟的物質，人們可以將它裝在小瓶子裡，讓它看起來好像很弱。事實上，它能夠穿透世界上最硬的物質。這就對了！我想要跟水一樣！

接著他看到一隻鳥從頭上飛過、在水面上投射了倒影，又得到第二個啟示：

> 我在面對對手時的思考與情緒，不就該像鳥的倒影掠過水面嗎？這就是葉師父的意思：心境不能被拘泥或阻礙。因此，為了控制我自己，我必須先接受自己，也就是順從我的本

性，不要違抗它。

於是李小龍與水之間既長久且親密的關係，就這麼開始了。**水既柔軟卻又堅韌，流向自在卻又能夠接受指引，力量既分散卻又強大**，而最重要的是，它是維持生命的必需品。

不需要會武術，也能學習「水之哲學」

看到這裡，你或許會想：「我又不是武術家，這本書怎麼可能幫助到我？六十多年前某個十七歲少年的靈光乍現，又關我什麼事？」但你不必擔心。雖然我們有時會談到武術，但只是用來比喻、闡述一般人都能適用的觀念。我發現，透過比較清楚的實際例子，會更好消化抽象概念。

至於為什麼我們要學習化為水？因為我們已經知道，李小龍的哲學思想與生活方式啟發了多少世人（包括我自己），而他的生活方式就是以水為範本。

水的本質就是流動，它會找路繞過（甚至穿過）障礙物。李小龍說這叫做「無限」。**水會適應它所處的環境，準備好流向任何可能的方向**。

這種開放性與柔韌度，代表水隨時都準備就緒，但它是自然而然準備好的，因為它只是完全的在做自己。**「化為水」就是了解自然、真實的自己**，當你開拓自己向前的道路時，要盡可能順著生命之流而活。

請你相信我，無論你是運動員、家庭主婦、學生、音樂家、會計師、創業家、警察還是其他人，本書絕對有能幫到你的內容。

但也請你記得，並非所有內容都適合你的情況。就算別人覺得對的事情，你也千萬不能照單全收。

一個人覺得某件事是對的，不代表另一個人也覺得對，而且就算大家都認為某件事是對的，你跟別人的角度也可能差很多。沒有任何建議或方法能夠適用所有人。我不知道你適合什麼內容，只有你親自試過才知道。

我會分享我的家人李小龍的故事，以及我的想法、經驗與概念，而剩下的就交給你了。假如你找不到任何有用的內容，也別放棄。這世上資源很多，你只要持續尋覓，就會找到你想要的事物。

那麼我們可以先「鞠躬」了嗎？所有武術課程一開始都要鞠躬。**鞠躬並不代表屈從，而是在告訴對方：我在這裡，我出現了，全神貫注並準備好參與其中。**

感謝你的現身，現在就從水的基本概念說起吧。

生活要像水一般，保持流動、無法阻擋

為什麼「化為水」的概念會成為李小龍的重要原則？李小龍說過一句話，可以說是他的武藝與人生的核心宗旨：

以無法為有法，以無限為有限。

這句話完美形容了水的本質，處理過漏水的人都知道，有時候你根本不知道水是從哪裡流進來、怎麼流到那個地方。有時你必須拆掉整面牆壁或天花板，才能找出它從哪裡來，以及它怎麼流到終點的。

我的辦公室最近才剛經歷了一次嚴重的漏水。我們很確定水是從屋頂下來的，但它不只是從正上方的洞滴下來而已，它噴得到處都是，還滲透了牆壁。房東找人修了三次，但因為找不到源頭，所以水電工的補救並沒有根除這個問題。之後我們在樓上蓋帆布、放水桶，感覺樓下應該會相對安全一些。

後來又下雨了，而且下得很大。因為雨水已經滲入樓上的牆壁，它就繼續順著牆壁流

下來，抵達下方的天花板，然後沿著橫梁繼續流。等我們隔天回到辦公室，水已經從一樓天花板的橫梁之間滴下來，簡直就像室內在下雨。

既然漏水令我們苦不堪言，為什麼我們還要讚嘆它這種特性？因為水是無法阻擋的，它一定會找到路、甚至好幾條路。它會一直流動，直到遇到障礙物為止，而假如有必要的話，它會改變方向繼續流動。

水採取的路線就是「沒有路線」。換言之，它會採取所有可能的路線。它的流動是沒有限制的。就算我們補了屋頂，雨水也不會停止找路，只是現在它是往屋外流，而不是往室內流了，真是謝天謝地。

這就是水的本質：無法阻擋。雖然李小龍的那句話完全沒提到水，卻完美體現水的概念，給它幾百年的時間，它就能在群山中刻出峽谷。而我希望我們能開始與這項本質共處。我用「共處」這個詞是因為，我不希望我們只是思考這項本質。畢竟人生也不只是在鍛鍊心智。「共處」的意思是關心它、注意它、體驗它、感受它，然後接受它。

水的無法阻擋，就像很多人覺得李小龍無法阻擋一樣。無論你是否認識他，你可能會覺得他是一個霸氣十足、武藝高超的狠角色——不管在現實生活還是在電影裡，都可以打爆對手。那麼要怎麼做，才能跟水一樣無法阻擋呢？

對李小龍來說，**「流動」有一部分的意思是「活在當下」**——有意識的、有目標的、刻意的選擇自己的生活方式。「活在當下」的意思不只是占據實體空間，你不只是要在教室現身，而是要實際參與課程。你有專心聽課、提問、寫筆記並參與對話嗎？還是你人在教室、心在手機，或者把帽子與耳機戴起來打瞌睡？**「留心」正是化為水的關鍵要素。**

情緒化、消極、人生當機——因為你沒有對生活「留心」

假如我前述例子中的雨水，沒有隨時主動留意其所在環境，它就不會找到路流進我的辦公室。這就是水的本質。

當我們遇到阻礙時，必須選擇該停止還是繼續前進，但水只要有機會就一定會繼續向前。而且你要記得，即使是看似靜止的水，都是曾經從又深又洶湧的噴泉噴出來，或是持續不斷的雨勢與融雪造成的，否則它就會發臭，到最後蒸發掉。所以假如我們想充實自己的潛能，就不能自滿或停下腳步——我們必須找到向前邁進的路，然後一次又一次的充實自己。而為了找到我們的路，我們必須隨時留心周遭發生的事情。

我很喜歡李小龍這句話：「為了成長與發掘新事物，我們必須投入生活，而我每天都很投入，有時過得好，有時卻很挫折。」你可能會想：「呃……哪有人不投入生活的？」

但事實是，雖然在日常生活中，我們的感官都有在運作，但大多數人都沒有完全發揮自己的知覺、自我意識與潛能。我們既沒有主動引導人生的方向，也沒有留意或運用自己的能量、所處的環境與關係。我們大多數人都是被動的看著人生將把我們帶到何處。

我們困在下意識的生活模式中，忘記自己其實有許多選擇與方法，可以打造屬於自己理想人生。換句話說，我們不能只想著活下去就好，而是要「圓滿」的活著。為了辦到這一點，我們就必須隨時留心於生活。

但這不表示我們就必須隨時嚴陣以待、掌握局面。那保證會累死人，大多數人也都不可能一直這樣生活，因為我們都知道，人生不可能總是在我們的掌握中，挑戰總是令人措手不及。我們可能突然被開除、生病、或遭遇損失。或者有時單純只是累了、不想管了。但只要養成李小龍「水之修行」的概念，我們的意識就會提升，進而獲得並磨練自己的處世之道。如此一來，我們就有那個能耐，盡可能以熟練的技巧、敏銳的知覺與優雅的態度，面對人生的各種挑戰，同時尋找最適合自己的路。

其中，「活在當下」與「留心」扮演了重要的角色。假如我的心靈被消極態度汙染，或者純粹因為情緒反應而怒罵別人，那麼我就不是「主動回應」，而是「被動反應」。假如我不留心自己的感受或想法，那我怎麼改掉壞習慣、或找到更多快樂與個人滿足？

我們必須審視自己，才能知道自己需要修正的地方。如果有留意，就能看見周遭以及內心發生的事情，唯有如此，我們才能自由選擇投入生活的方式。假如你連選項都看不到，那麼你該如何選擇怎麼回應？

想像一下，如果你有能耐與技巧，無論任何時刻與狀況都能選擇最好的回應方式，而不是因為衝動而做出反射動作，那會是什麼樣子？假如你不會被情緒牽著鼻子走，也不會在面對挑戰時突然「當機」、六神無主，那又會是什麼樣子？

再想像一下，假如你能全心投入每一次經驗，而不是失去自我，那會是什麼感覺？假如你對所有狀況的回應，都完美的反應了真實的自己，而不是先回應再說，結果自取其辱，那又會是什麼感覺？是不是覺得自己很有力量、有智慧？我知道這種想像中的完美人生聽起來很棒，但感覺有點不切實際。沒關係，我們接著會從現實、富有人情味的角度討論這件事，因為我們不必變得完美。是的，我們不必變得完美。

練習「不控制」來發揮控制力

化為水並非嚮往完美，因為完美就像難以伺候的主人。化為水並不是要控制一切，因為控制就像勒緊脖子的枷鎖。現在我們就先把完美與控制想成這樣吧。

人生持續在我們眼前展開，總有不完美的地方，但每次不完美都能替我們創造學習的機會，藉此成長並付諸實踐——而這正是人生的完美之處。

只要實踐那些曾挑戰我的事物——接受、耐心、愛、改變——我就能夠獲得自信，直到實踐的技能成為習慣。真正的完美，應該被視為能夠集中注意力，而不是我們實現的最終成就。如果能夠接受這個概念，你就能把人生的不完美之處，當作為了達到完美的課程，與成長和改進的機會，而不是將之看作成功與否的指標。

再來我們談「控制」。在我的人生中遇到了夠多無法控制的事情（我相信所有人都一樣），但我寧可舉手投降、事後盡力彌補，也不會選擇卡在當下，硬要照自己的意思做。不過要有這種念頭，必須在自己的心理達到某種平衡，得藉由練習「不控制」來發揮控制力。而最終的重點在於，經歷挑戰之後，我能在哪裡看到新敞開的道路？對於人生當中的任何目標，我該貫徹意志到什麼程度，同時還要預留空間給實際發生的事情？

最近我策劃了一個大型專案，而且我真心覺得它會成功，但是計畫趕不上變化。更糟的是，這個專案似乎會澈底失敗。所以我試著控制它，竭盡全力安排人事、進行必要改革，將事物維持在正軌，結果我們差點把預算花光，而且可行的選項也剩沒幾個。

我很喜歡這個專案，所以希望能繼續做下去，但情況就是對我不利。因此我在最後一刻，決定停止抵抗已經擺在眼前的事情。真是一團糟啊！我不但辜負了投資人的期望，還得資遣員工，終止所有事務。但我決定活在當下，正視眼前發生的事情，並停止抵抗它。我把這個專案的未來交給老天爺，然後說道：「為我指點迷津吧。」我選擇化為水，沿著可行的道路流動，而不是蓋一大堆水壩想迫使水流改道。

沒錯，這項專案的其中一個階段結束了，但我也從中想出新的點子（而且更棒！），以及新的潛在夥伴與更多可能性。最重要的是，我放手讓事情自然發展，並不是放棄或承認失敗，而是在尋找新的路，並且緩解我的壓力與焦慮，同時獲得更多能量。

即使我仍然不知道這個專案是否能成功，但我還是能夠持續與它共處，現身給予它需要的能量，然後讓它自然發展。差別在於，我不再試著控制這整個複雜事業的命運，也沒有一定要把它做到完美。我在參與它、創造它，但不再強迫它。

李小龍曾說：「人有天生的直覺，也有控制的欲望。而你必須和諧的結合這兩者。」因此我不斷問自己：我該對不完美的自己行使多少控制，才能在面對具有挑戰性的情境與人物時，完全投入當下並且對此負責？也因此，我必須為自己、以及我創造的所有事物，找到新的存在之道。

有時我會做出一些失敗的決策，而在反省做法是否能改進時，我通常也可以學到不少東西。但唯有在我完全投入當下，並留心於我得到的內、外部經驗時，才能感受到這些學習與成長。

柔韌身心，就是見招拆招、適應現況

人活著的時候，身體既柔軟又有韌性；但當他過世之後，身體就會變得僵硬。無論肉體、心智或靈魂，柔韌即是生，僵硬即為死。所以柔韌你的身心吧！

我們從水學習到的道理中，最簡單直觀的就是它的柔韌。將石頭丟進水流中，水流就會為石頭騰出空間——李小龍年輕時發現功夫可以比喻成水，並從中悟出了這個道理。當他試圖去抓住水，水從他的指間滑落。當他試著去搥打水，水從他的拳頭旁邊流過、完全沒受傷。從此之後，李小龍只要談起人生與武術，就常提到溫和與柔韌的重要性。

他也經常提到師父葉問傳授給他「暴風雨中的竹子和橡樹」的教訓。橡樹因為僵直而導致自己死亡；而僵化的心靈與態度，也會使你無法學習、成長，因此隨時背負著壓力與不滿。如果你無法以柔韌的思考方式去回應各種局面，你就等於在畫地自限，無法讓自己成功、成長、喜悅。

那麼我們該如何維持柔韌，同時又能精神集中、反應敏捷？我們已經知道其中一個重點是活在當下、並留心正在發生的事，這樣你就能夠靈活反應。就讓我拿武術來比喻吧。

武術是非常需要完全專注當下，與保持靈活流動的運動，否則就會被敵方逮到破綻，因而失去平衡，甚至被擊倒！你必須回應對方攻過來的拳，才能閃避或格擋它。葉問鼓勵年輕的李小龍，努力訓練，然後「忘掉自己」，見招拆招。化為水就是適應現況，回應你所處的環境與對手。換句話說，就是讓自己變得柔韌。

但這種概念如何更廣泛應用在日常生活呢？

化為水的意思就是「處於流動狀態」：首先要專注於當下並處處留心，然後適應現況、伺機而動。當你經歷人生考驗時，如果能提醒自己要仔細觀察、並如流水般靈活應對問題，這不是很有幫助嗎？

雖然李小龍從來沒用過「心流狀態」（flow state）這個現代詞彙，但他很常講到「流動」（flowing）。對他而言，「化為水」已經從功夫的隱喻擴展為全面的人生哲學，引導他前進。他應用這套哲學學習新事物、克服阻礙，最後找到他真正的人生之道。

李小龍利用活水的概念作為他的處世之道。我說「活水」是因為我們不是在討論一灘死水——正如我們並非要發展出一成不變的人生。李小龍經常在著作中以海流與海浪的概念為例，他曾說：「人生如流水，永遠在動。」

人生總是在變動，沒有一件事是恆常的。即使是日常例行公事，也會出現細微的變化——不論是我們的心情、時機或環境。今天你提早五分鐘出門；明天你可能頭痛；你剛跟朋友吵架；或許在下雨；又或許你愛上了別人。沒有任何一天跟另外一天是相同的，所以如果你每天都用同樣的方式度過，而沒有改變或起伏（亦即處於動態），就表示你沒有把握當下、沒有意識到生命帶給你的體驗，因此你就無法靈活回應微妙變化的生活。

許多因素都會影響我們，並改變我們對於每件事的回應與反應，所以為自己的生活方式訂定嚴格的規矩、或預先假設我們「應該」要怎麼過活，將很快就會使自己陷入麻煩——尤其是當人生不照規矩來的時候（它也經常這麼做）。

希臘哲學家赫拉克利特（Heraclitus）曾說：「沒有人能踏入同一條河兩次，因為河水不一樣，人也不一樣。」我們每天都不一樣，面臨的局面也不一樣。就算你之前遇過相似的情況，解決辦法也並不會完全相同。

沒有事物是永續的，其中總會有微妙的變化。人生很複雜，每個時刻、情況與挑戰都是嶄新的，雖然變化可能很微小，但還是值得你專注當下、保持靈活。

李小龍創立截拳道時，花了很多心思去樹立深度的哲學原則，用來輔助截拳道。這些哲學是為了整合身、心、靈，也是避免死記硬背與敷衍訓練的關鍵要素。

截拳道強調沒有固定形式與套路的招式——重點在瞬間出招，並完美回應實際狀況，讓對手措手不及。截拳道的哲學，是為了幫助練功者維持流動且專注於當下的狀態，使他有彈性與餘裕主動變招與回應外界的變化，而只有在靈活性足夠時才有辦法做到這點。

每個動作都應該有它的理由。我希望將哲學精神灌輸至武術之中，因此我堅持研究哲學。哲學能幫助我將截拳道帶到武術領域的更高境界！

早在一九六五年，李小龍就開始構思這套武術（直到一九六七年才正式命名），但他終其一生，都不想以一種固定的形式傳達自己的概念（像是書籍），他並沒有出版關於截拳道的概念，因為他認為自己的武術是活的，能夠改變與進化，因此不希望練功者以為書上寫的就是全部。

他擔心後世的練功者無法將自己獨特的經驗融入學習過程。關於這件事他非常掙扎，雖然拍了許多招式的照片，也寫了很多對於武術的想法，但他最後還是沒有出版，因為他想避免形式的僵化，也不想讓大家變成「虔誠信徒」——完全不質疑李小龍。

話說回來，《截拳道之道》（*Tao of Jeet Kune Do*）這本書，是在一九七五年（李小龍過世後），由我的母親（也就是李小龍的妻子）蓮達．李．卡德威爾與《黑帶》（*Black Belt*）雜誌的創辦人水戶上原所出版。他們想在李小龍過世後，保存他的教誨與思想。

他們花費許多心思，讓這本書不像一本技術入門手冊，而能使讀者思考並探索自己。這再度證明李小龍的家人與朋友，都深切忠於他的願望——對所有方法都抱持開放與彈性。之後其他「入門」書籍都遵循這個原則，但《截拳道之道》依舊是這類主題的精髓之作

——雖然它也是最抽象之作。

然而，正是這種程度的抽象表達方式，才能巧妙反映李小龍的「水之哲學」。為了引導讀者，這本書並沒有任何束縛，而是讓讀者主動且靈活的參與自己的理解過程。

警戒架勢——面對人生的最佳姿態

截拳道的第一課，就是警戒架勢（on-guard position）：

警戒架勢是最適合用來執行所有技術與技能的姿勢。它能令人完全放鬆，卻同時讓肌肉緊張，有利於快速反應。最重要的是，警戒架勢是一種「適當的精神態度」。

李小龍認為「警戒架勢」是其武術的起始架勢，所有招式皆可隨時藉此啟動。他的姿勢非常獨特，是以他對於物理定律與生物力學的理解為基礎，同時參考並評估了其他許多武術——主要包括詠春拳、拳擊與擊劍。

李小龍的警戒架勢既放鬆又活躍，在此架勢中，後腳跟會像蜷曲的大蛇般抬起，準備要躍起攻擊。四肢雖然放鬆卻不下垂。膝蓋彎曲，雙腳張開至與臀同寬，彼此間保持自然的距離，形成穩固的三角形，你就很難被擊退或搖晃。換言之，靈活卻穩定，放鬆卻嚴陣以待。

如果你有看過李小龍的電影，就會發現他經常以招牌動作在對手周圍彈跳。他的腳步輕盈，準備在任何時刻前跳、橫跨、後退或斜切。但就算處於移動中，他還是會大致維持著前述架勢，因為這樣他就能立即出招。

李小龍認為：「基本架勢是一切的基礎。」這句話帶有了一種生活態度，**打好基礎，架勢就會穩固，能夠反應任何情勢並移動。**在放鬆與緊張之間取得平衡，就能立即且有效率的回應現況。只要能夠簡潔、輕鬆的移動與調整架勢，你就不會被腳跟上的重量拖累——用簡單且有效率的方式管理自己的生理與心理，就是最好充實及應對人生的姿態。

仔細想想，**水永遠都是放鬆卻做好準備的。有句俗話叫做「一發不可收拾」**，當水被某種障礙物擋住時，它會平靜等待，卻又伺機而動。一旦移開障礙物，水就會立刻奔流過去，毫不遲疑。即使處於流動中，它也能夠毫不費力的回應所處環境。

將一塊木頭丟入水流中，水會適應它。水會擴散、變寬、變深，看到有裂縫就鑽，直到找到通過的路徑，或在其周圍與內部創造一個生態系統（按：ecosystem，指特定環境裡的非生物因子〔例如空氣、水及土壤等〕與其間的生物之間具交互作用而形成的整體）。

如果要像水一樣隨時都做好準備，就必須有某種程度的張力。我們容易把「緊張」想成負面的事物——例如肩頸緊繃或關係緊張。但實際上，**緊張是活力的必要成分**。為了在生活中適應象徵性的「警戒」架勢，我們就必須適當的加壓。

我們不需要過於緊繃，但也不能太鬆懈，使自己處於狀況外、無法回應。我們需要某種程度的警戒心，而警戒心（或者說留心）就來自我們對用心過生活的渴望程度。我們需要適度緊張一下，足以使我們「活在當下」，變得柔韌與投入。如此一來，當水閘打開時，我們就能順利穿過去。

自我實現的目標，不該是外在的成就

所有人都有一個迫切的疑問：「我的目標是什麼？」我的這一生必須達成什麼？我必須留下什麼？我最重要的傑作是什麼？這一切到底是為了什麼？

李小龍會告訴你，人生最重要的成就就是你自己，或如他所說的：「自我實現」。當下的「你在做什麼」（教書、做運動、養小孩、執法、寫書）與「你是誰」（父母、配偶、夥伴、導師、藝術家）的重要程度，都不及你如何在每件事情中表達、貫徹自己「在做什麼」

與「是誰」。

當人們在使用「體現」這個詞的時候，意思就是「你怎麼活出這個概念？」體現某個構想、實務、價值或概念，就是將它融入你的處世之道，然後透過你的作為來表達。假如體貼對你來說很重要，可是你自己卻不體貼他人，這表示你沒有完全體現體貼的價值。

自我實現就是提升你的心靈力量，達到你的最大潛能，然後在人生路上，以最大程度將它對外表達出來，無論它是什麼。至於你選擇表達的地方（嗜好、工作、人際關係），就只是使你發光發熱的媒介而已。

當你的目標就是想成為最高效能、最喜悅的自己時，那麼每一刻都會是你實現目標的機會。你現在也已經有了無論發生什麼事都不會改變的目標。當我們致力於表達真實的自己，就連難關都會變得更好應付。

李小龍鼓勵大家一輩子都要進行自我實現。實現就是「化為現實」，因此自我實現就是為自己創造現實。它是了解自己，並表達出自己在世界上的獨特性。只要你有如水般的熟練與自在，身上自然就會流露出獨特性。

想想看水是如何「成為水」？它並沒有試著成為別的東西。如水一般，就是投入發現自我的過程，然後體現最真實的自我。

聽起來很簡單對吧？沒錯，但當你開始認識與發現自我之旅時，你會發覺自己曾經有多麼不忠於自我，或許甚至對周圍的人也不真誠。你會突然醒悟：「糟糕，這好辛苦啊！我不喜歡這樣。」

但就跟所有事情一樣，你不可能只上一堂功夫課就成為李小龍。你也不可能只上一堂鋼琴課就登臺表演。假如你沒有半點真材實料，就無法向世界表達出最好的自己。你必須努力讓內在符合外在。

每個人出生的時候，都是很開放、感官靈敏、反應敏捷、精力十足的生命體。但當別人傳授給我們待人處世的道理（價值觀）時，我們就會開始採取其他方式。我們的本質受到許多人的影響以及指教，可能會陷入停滯的狀態。這套程序有一部分是很正常、自然的成長與學習過程，因為生存是有法則的，而我們必須學習怎麼遵守它。我們必須學習怎麼保護自己、怎麼獲取自己需要的事物，以及怎麼生活。

但在這段過程中，我們也會因為外在影響，與自己的本質分離。當我們學會怎麼循規蹈矩，同時也忘了主張自己的獨特性。我們可能還忘了如何自然生活，以及如何表達自己的靈魂。所以我們在成長時必須處處留心與警惕，而且必須時常練習回歸自我，找回一直都存在於心中的意識：自由且富表現力的本質。

然而水就沒有這種問題。海浪不必想起怎麼拍打海岸；河流不會思考怎麼在山中刻出峽谷；湖泊也不必練習怎麼滋養魚類與植物。如此簡單且自然存在的水，可以作為我們探索自我本質時的指引。假如有一天我們成功自我實現了，我們就能獲得（或取回）這種簡單且自然的自由。

陰陽一體

「陰陽」的概念對李小龍來說也很重要，他非常熟悉與陰陽有關的哲學，而當他為截拳道製作圖騰（見第二五三頁）時，就使用了陰陽的概念。對陰陽的理解與體現，也衍生出許多書籍、運動與學派，我們之後會細談，但現在我們對於這個代表一體性的圖騰，要先有基本的理解。

西方人認為陰與陽是對立的：冷與熱、老與年輕、高與矮。但在東方國家，陰陽（請注意，我把「陰與陽」的「與」拿掉了）是互補的，而非對立。事實上，陰陽調和就代表著一體性。你仔細想想就知道，冷與熱就是溫度的一體兩面，沒有熱就沒有冷，反之亦然。而且假如沒有這兩者的調和，就沒有「溫暖」與「涼爽」這些宜人的溫度。

水也是如此。水既溫和又有力、既柔軟又堅實、既流動又深邃。而人生也是一樣，人生有喜悅與悲傷、美麗與醜陋、興奮與消沉，但這些都只是一體的兩面。如果我們只堅守其中一面，就無法獲得最大的回報、以及兩者平衡所帶來的滿足。只要我們在兩個極端的交互作用之中取得平衡，就能找到平靜、和諧與自在。

流向自我實現與圓滿的旅程，絕對不能輕鬆以對，需要全神貫注。隨著你的成長，你也會開始發現與體驗到，你的身、心、靈，彼此間必須流暢的交互作用，才能發揮最大的潛力。李小龍曾寫道：

> 中國人認為整個宇宙是由兩個原則運作的：「陽」與「陰」，正與負。他們認為所有生物或非生物，都存在於這兩股力量的不斷交互作用中。「陽」與「陰」、「物質」與「能量」、「天」與「地」都被視為實質上的一體，不可分割之整體中共存的兩極。
>
> 在這套哲學中，宇宙與永恆循環、各種差異的衡量、各種標準之間的相對性、所有神聖智慧的歸宿、所有事物的源頭，實質上皆為一體。

所以我們現在已經把腳伸進宇宙這個大池子裡了，不妨再往深處走一點。放心吧，水溫剛剛好呢！

李小龍的人生哲學

- 「化為水」就是了解自然、真實的自己。
- 水會適應它所處的環境，準備好流向任何可能的方向。
- 「留心」正是化為水的關鍵要素。
- 柔韌身心，就是見招拆招、適應現況
- 人生總是在變動，沒有一件事是恆常的。
- 水永遠都是放鬆卻做好準備的。有句俗話叫做「一發不可收拾」。

第二章

空杯以對，才有喝不完的好茶

當你的心塞滿曾經學到的事物、以及對這些事物的想法與感受，那就沒有多少空間再裝其他東西了。

李小龍在一九七一年寫過一篇文章談論他的截拳道，開頭先講了一個關於禪學的寓言故事，讓讀者先保持開闊的心胸，因為他接下來要說的事情，對於當時各大武術門派而言，簡直是邪門歪道。他寫道：

> 某個博學之人向一位禪師請教禪學。禪師在說話的時候，博學之人會一直下評論打斷他，像是「喔對！我們也是這樣」之類的。最後禪師不再繼續說下去，然後開始替博學之人倒茶。可是他一直倒，茶都從杯子溢出來了。「夠了！杯子裝不下啦！」博學之人打斷他。「是啊。」禪師答道：「如果你不清空自己的杯子，又怎麼能品嘗我倒的茶呢？」

這位「博學」之人無法真正吸收禪師所說的話，是因為他立刻將這些資訊與自己的知識做比較，並做出評斷。換言之，他根本沒在聽。

他的心（杯子）中滿是自己的觀點（衡量與評估禪師說的每句話），無法再容納別的觀點。禪師藉由滿溢的杯子，教對方必須放下成見（清空杯子），才能真正聽取、吸收新的資訊。

「化為水」這句名言，是以一句鼓勵的話開頭：「放空你的心」（empty your mind）。這個要求不但擺第一，或許也是過程中最重要的一個，因為它才能讓我們準備好面對接下來的所有事情。

李小龍認為這個動作（拋開成見與定論的拖累）本身就是在解放力量。事實上，假如你先專心進行這個步驟一陣子，你的心靈將會大幅拓展。

學習「放空」，暫時放下過去的經驗

前述對於心靈的初步探討中，「放空」（清除雜念）代表一種開放且中立的狀態。當你的心塞滿曾經學到的事物、以及對這些事物的想法與感受，那就沒有多少空間再裝其他東西了。你已經放棄接受新的可能性與觀點，你已經限制了自己。為了要學習新資訊，我們必須騰出空間讓資訊進來。

放空你的心，不代表要忘掉你曾經學到的事物、或放棄你相信的事情。它代表你必須抱著願意接納思考新事物的心，去面對每次對話、互動與經驗，而不被自己在過程中的判斷所拖累。

你必須暫時放棄自認知曉與相信的事物，才能完全體會當下遭遇的事情。預留空間給你自以為正確、卻尚未完全知曉的事物——因為你相信的事物實際上是一種進行式，會隨著你的學習與成長而改變與進展。

在這種情況下，你或許會發現自己從來沒想過、卻有可能發生的事情。以醫學專業來舉例：如果我們從未考慮過新資訊與或新概念的存在，可能到現在都還相信抽菸對自己的身體很好，或某些疾病無法治癒。

所以這個概念是很重要的：心胸必須開放，不被過往的偏好、看法與判斷所遮蔽，才能準備好接受新事物。雖然最後不一定能找到新疫苗，但假如對於發現新事物的可能性沒有抱持開放態度，你就永遠無法拓展知識，而且個人成長也會受阻、變慢。

其實，李小龍認為毫無質疑的先入之見，就是最嚴重的心病。「站在正負之間的中立點，心就不再偏於任何方向。」他寫道。「放空就是站在兩方的正中間，千萬別支持或反對任何一方。『支持』與『反對』之間的掙扎，就是最嚴重的心病。只要沒有好惡，一切就會變得明朗。」

仔細思考一下，你的偏好與看法對日常生活的每一刻會有多大的影響。在我們的生活中，時常會像個蒐證專家一樣，只差沒上演CSI影集。因為我們心裡存在著許多看法與偏好，所以會四處蒐集證據，來支持自己的看法。

假如我抱著害怕的心情走進一個派對，就會下意識尋找令我害怕的證據，以證明自己是對的。或許派對中真的有令我害怕的事物，但因為我高度警戒，所以很容易就會發現那裡很可怕，而沒發現有趣或好玩的地方。我們總是想證明自己是對的——當我們覺得自己必須是對的，就會只接受能證實自己觀點的事物。

那如果我們找不到證據呢？假如我們的「案情」沒有那麼單純呢？如果經驗是愉快的，與我們的預期相反（例如那場派對其實沒那麼糟），我們會覺得這只是愉快的意外、或者運氣好，而不會去多想。可是假如我們以為會很棒的經驗，最後卻沒那麼愉快，那麼這個世界就會突然變得難以理解。

比方說，你真心覺得會很讚的派對，最後卻是惡夢般的體驗。這很令人難過，導致我們決定以後再也不去類似的派對。但有趣的是，當某件負面的事情發生，違背我們的期待，我們多數人都不會覺得自己或許要多考慮一些事情、或負一點責任，而是覺得有一股之前我們不知道的邪惡力量，使我們成為受害者——簡直像老天爺在設局毀掉我們的生活。

但假如你不抱期待的前往派對呢？既不害怕，也不期望能玩得超開心？那麼派對就只是派對。你可以在事後評估哪些部分你真的很享受、哪些部分就不怎麼樣。你沒有錯失派對的每分每秒，也沒有壓力。只要全神貫注於當下，不必一直問自己是否玩得愉快。

當然，這種聚會我們參不參加都無所謂，風險沒這麼高。但假如我們面對的是更緊張嚴肅的問題、必須做出困難的人生抉擇，或是要判斷誰對我們有幫助、誰又曾對我們造成不良影響，那該怎麼辦？假如我們不支持或反對任何事情，那我們要怎麼做決定？

無揀擇覺知——不要評斷，只要觀察

還記得警戒架勢嗎？就是面臨任何情況時，我們擺出的準備就緒姿態。我們在人生中敞開心胸時，就應該宛如警戒架勢一般保持中立。我們試圖培養的，是李小龍稱為「純粹觀察」的能力。

「純粹觀察」的意思是在體驗事物的過程中，盡量不要將自己的偏好與意見投射在這件事物上，如此一來，你就能接觸到事物的客觀整體「真相」或現實。

不要用好壞與對錯權衡任何正在發生的事情，而是要變成感官全開的生物，這樣你才能用全身去觀察與感受這個體驗。假如你太過重視自己的內心感受（以及它的既定想法與評斷），就無法全身投入體驗，那麼這個體驗就不完整了。但假如你可以稍停一下，讓自己感受一切，或許你就能接收到嶄新的事物，或你已經知道、但更加豐富的另一面。

看清事物的本質，而不要依附任何事物。刮開累積在我們身上的灰塵，並揭露其赤裸的現實。拋開你預想的結論，「敞開」自己，面對前方的一切人、事、物。冷靜觀察周遭發生的事。只要單純觀察就好，而在觀察的過程中，事物就會浮現全貌，而不只是片面。

李小龍稱這個過程為「無揀擇覺知」（choiceless awareness）。這個名詞引用自印度哲學家克里希那穆提（Krishnamurti）——李小龍欣賞的哲學家之一。這個概念的意思是：意識到你內心與周遭發生的所有事情，不要做判斷、做選擇或編故事，而是保持全神貫注，專心體悟這件事。

以純粹的眼光觀察事物的本質。用全身去體驗它，這樣你才能獲得完整的經驗，而不只是受限於自身經驗的片面資訊。

想像一下，你看到某個很煩的人走來跟你講話。因為你覺得這個人很煩，所以在他開口之前，你就有心理準備要被他煩了。但假如你不預做判斷，然後完全敞開自己去感受這次體驗呢？

如果你能夠退一步觀察這個人而不下評斷，或許你就能準確找到他煩人的地方，然後你就會進一步去想：「為什麼這樣會煩到我？」而最重要的是，你或許會在這段過程中，找到一些關於自己的事。

你的內心必須發展出一些理解，才能在這個人現身時感到愉快、安全。你是否能夠同情這個人，把他想成跟你一樣是掙扎度日的人？你是否了解他所處的局面，是怎麼使他發展出這種互動方式，作為他的應對進退之道？如果你先停止好惡，再單純觀察，或許就能獲得大量的新資訊。

「無揀擇覺知」的另一部分，是李小龍所謂的「拋開思維」。拋開思維的意思是，在思考的時候不要被你的思維牽著走。換句話說，不要卡在特定的想法、執著的圍著它打轉，而損及其他透過知覺感受到的事物。

所以當很煩的人來找你時，別鑽牛角尖。「看吧？他又來煩我了。天啊，他為什麼一天到晚都這樣？他不知道這樣很煩嗎？他怎麼會不知道？有夠白痴。」

如果這樣想，就表示你已經抽離當下了。你困在以前的情緒（很煩）裡逃不出來，再也無法以純粹的角度看事情，當然也就無法對整個狀況抱持不帶評判的意識了。而且猜猜看還會怎麼樣？你還會讓自己很不開心。

但是拋開思維，並不是要你花時間在很煩的情況下與很煩的人相處，然後學著喜歡他。它的意思是你有機會得到不同的體驗，並改變你的觀點。

最值得注意的是，你會利用接受到的資訊，更加認識自己、了解你的偏見，以及哪些事情會觸發你的特定反應。

你會開始評估自己應該改變哪些行為，以及哪些地方需要被治癒。換言之，你會將負能量轉化為自己的能量，而不是將負能量全部歸咎給某人或某件事。正如李小龍所說：

我必須放棄自己想要強迫、引導、抑制外在與內在世界的渴望，才能完全開放、負責、留心、活著。我通常稱之為「放空自己」，它並沒有負面意義，而是「敞開心胸接受一切」的意思。

我們可以藉此做出必要的決定，同時理解自己，以及理解哪些想法是真正出自我們的靈魂。我們也會更同情並接受眼前的人、事、物。從此我們就獲得了更多可能性。

練習用「明辨」做出抉擇——不帶批判的見解

承認吧，我們都是喜歡說長道短的混蛋。或許你目前正在嘗試讓自己別這麼愛批判別人，這是好事。但你有時候還是會忍不住八卦個幾句，對吧？我也是。但只要我越勤加訓練自己不要批判，我就越能維持這種態度，也就越能自由、平靜的待人處世。

那麼「批判」是什麼意思？就是將對錯、好壞、好惡等價值，加諸於某件事或某個人。為什麼批判別人反而會阻礙自己？且讓我們先來區分「批判」與「明辨」吧。

「批判」（judgment）最傳統的意思是「結論」或「決定」，例如法院或法官的審判。

形式最古老的審判來自《聖經》，一般指的是上帝用暴風雨或瘟疫來懲罰世人。是不是聽起來很沉重？

但「明辨」（discernment）比較不像「結論」，而相對接近「過程」的意思：它是對某件事物產生寶貴見解的能力。有人甚至對於「明辨」做出靈性的定義：「不帶批判的見解，其觀點著重於獲得精神上的指引與理解。」

當我們必須在人生中做出抉擇時，當然會有所考量——但我們採取的思考方法，將會造成很大的差異。在我們批判事物的時候，就是採取了頑固的立場；反之，當我們明辨事物時，則是希望能夠理解它。

「批判」會阻礙我們，因為它限制我們去考慮其他選項。它也會引起兩方衝突，因為假如某件事或某個人是對的，就表示有人錯了。但「明辨」是一種為自己所做的選擇，以可得到的資料為基礎，而不帶埋怨。

批判與明辨或許很難立刻分清楚，但你可以練習問自己：「我現在是在批判嗎？還是在吸收資訊，想要理解事情的真相或我真正的感受？」只要你更加留意，就能夠感受到兩者的不同。

批判就像貫穿你的鐵線，或是把事物擋在外頭的盾牌。明辨則比較像沖洗你的水流，而你可以從中淘金——過濾、篩選有用的資訊。

墨西哥作家唐・米蓋爾・魯伊茲（Don Miguel Ruiz）的《讓夢想覺醒的四項約定》（*The Four Agreements Companion Book*）是我喜愛的書籍之一，它的詞句簡潔優美，而且具有巨大的實質影響力。

《讓夢想覺醒的四項約定》特別強調要拋開假設，以及別把事情想得太針對自己。那麼你該做什麼才能達到這兩點呢？正如魯伊茲取的書名，對於該怎麼待人處世，你必須與自己做出幾個約定。也就像李小龍的建議，你必須停止為每件事、每個人賦予對錯：

> 不要譴責別人，也不要為自己辨解。務必要真正了解到「無揀擇覺知」狀態的重要性，它沒有要比較或譴責的意思，也不會等待事物進一步發展以決定是否要同意。只有自由發揮、不受干擾的意識才有用。最重要的是，不要一開始就妄下定論。

當你「等待事物進一步發展以決定是否要同意」時，你就是在等著以個人的假設與看法來批判這件事，以及為自己辯護。你正在尋找證據證明你的批判。

還記得禪師的故事嗎？你的杯子已經太滿了。你的意識被擠進兩個侷限的框架之中——比較與譴責。你不再流暢的明辨事情，而是等待時機痛批對方。難道等著痛批對方會讓你開心嗎？還是讓你有壓力，就像整天緊張兮兮、等著接對方罰踢的守門員？

重點在你如何回應，而不是事件本身

德國作家艾克哈特托勒（Eckhart Tolle）在《一個新世界》（*A New Earth*）中說道：「讓你不快樂的主因絕對不是處境本身，而是你對處境的想法。你要留意自己的思維，讓它獨立於處境之外，因為處境永遠是中立的，一直都是那個樣子。」

李小龍也同樣認為，最重要的是我們對於艱難情況的反應，而不是情況本身：

相信我吧，每件豐功偉業都一定有大大小小的阻礙，而重要的是你對這些阻礙的反應，而非阻礙本身。我已經了解到接受挑戰的意義，那就是：你對它的反應是什麼？

且讓我回頭談一下格鬥當作範例吧。

你自信滿滿的開打，確信自己會贏，而且這股自信心甚至會讓你暫時打出幾套漂亮的招式。接著你的臉被揍了一拳，或許你會感到很惱怒，或許你的自信會有點動搖，但無論如何，你都感受到了一點情緒。然而你並沒有略過這陣感覺，讓自己回到當下的格鬥情況，反而還被這陣感覺牽著走。

現在你很生氣、煩躁，或許你會因為怒氣攻心而揮空，或者因為恐懼而不敢出擊。如果你的對手很高明，他一眼就知道你被動搖了，現在他可以為所欲為。

由於你已經分心、不再專注於當下，於是他趁機朝你大腿踹了一腳。慘了，事情跟你想的不一樣！你驚慌失措、陷入焦慮，開始犯錯連連。現實已經不再符合你預想的計畫。最後，你的對手又使出一記痛擊，直接把你打倒。

在開打前，你的心中已有定論：「我一定會贏，因為我比他強」。然後你被打了，內心動搖了，也就不再專注於當下的戰鬥。

你的心思被擾亂、困住、無法保持冷靜。接著恐懼湧上心頭，所有訓練、技能都變得不管用，因為你心不在焉，根本沒辦法用。你太執著「應該發生的事」，結果一旦沒發生，你就迷失了。

但發生這種事時，也不必責怪自己，人都會有迷失的時候。目標是要趕緊回過神來，別迷失太久。

畢竟事情沒有對錯，只有「發生了什麼事情」以及「你對它的回應」。所以別試著想出一套適用任何事的神奇解決方案。人生不可能有預先畫好的零風險路線圖。**所有看起來完美的概念與想法，都只存在於當時與當下**。

我在第一章談過活在當下，而接下來我可能還會提到好幾遍，因為這個觀念很重要。

其實整本書就是在寫這個主題。所有心靈運動（例如正念），都跟活在當下有關。我們的空杯子、我們中立卻靈活的架勢，也是從活在當下開始的。

如果你之前沒聽過正念或活在當下，請容我在此用一個簡單的框架來說明。「活在當下」是指全心留意並接觸當下發生的事。例如，別讓你的心思跳回過去：把「現在正在做的事」與「以前做過類似的事」做比較；也別跳到未來思考「今天下午或下星期該做什麼」；或者想著「我正在體驗的事物，以後會對我有什麼助益？」

而「正念訓練」則是將意識集中在當下這一刻，並且完整的體驗它。

因為我們是人（尤其當我們並不熟悉怎麼活在當下的時候），所以腦海裡會浮現各種想法，常常讓我們無法專心於現在發生的事。這些想法會產生感受，而感受也會反過來產生更多對於這些感受的想法。這很正常。

事實上，你根本想不到其他可能的方式，所以與其壓抑我們的想法與感受（這反而會使它們更強大），我們只需要留意它們、允許它們、讓它們通過，而我們自己則留在當下這一刻就好。

「清空杯子」的概念，就是拋開過去與未來，把空間留給現在。當我們溫柔接受並承認自己的感受、想法與身體知覺，且同時參與當下正在發生的事，就等於接觸到了李小龍所謂的「事物本質」（what is）。

我們應該全神貫注的投入當下發生的事物，而且要持續提醒自己清空杯子，因為「當下這一刻」是一直在變化的，所以杯子也會隨著裝滿。假如我們留在當下，那麼在經歷任何事情時，我們的杯子就會自動裝滿再清空，因為新的一刻會取代前一刻、然後更新的一刻又會取代這一刻。

你可能覺得這樣要求自己很困難，沒錯，一開始的確很難。而且大多數人都幾乎不可能每一刻都留在當下，所以你也別慌。就連最有修為的佛教徒跟瑜伽老師，都不可能二十四小時保持這種狀態。

這是一種修行，而且是需要練習的修行。這項修行的重點在於，無論任何時候都能讓自己回神（尤其是在經歷巨大痛苦時），如此一來「活在當下」就會成為你熟悉的動作，而不是反常的行為。

李小龍也沒辦法時時刻刻維持自己的意識與冷靜，但他知道這麼做的好處。事實上，他是個火爆、快節奏、衝動的人，發發脾氣也是正常的。假如事情不順利，或者他沒辦法全心應付某個狀況，他會怎麼做？當然會難過啊！這是人類的正常反應。

接著，等他經歷過各種情緒之後，他會讓自己靜下來一陣子。這種刻意的沉默，我覺得就是他「清空杯子」的時刻。他會讓心思冷靜下來，回到中立狀態，看清事情的全貌之後再往前邁進，就像水流中形成的小漩渦，會打轉一下再往前流。

心智和肌肉一樣，可以刻意鍛鍊

那麼我們該怎麼保持中立？李小龍是個運動狂，從他的體格就可以明顯看出來，而他的運動習慣有很大一部分不只練身體，也練心智。雖然我們覺得自己心裡的想法與盤算沒有固定形狀，跟肉體是分開的，但科學研究持續提出有力證據，證明身心連結的存在，以及思考、情緒與生理健康之間的關聯。

現在有不少研究圍繞著「腸腦連結」這個主題，甚至還有名叫「心理神經免疫學」的研究領域，審視壓力與免疫系統之間的關聯——但我們還是採取比較親民的方法吧。想了解身心連結，有一個最簡單的方法：當我們抱有負面思想，感覺就會很差；我們會覺得身體沉重、疲累或焦慮；我們會心跳加速、很難入睡、早上爬不起來。換言之，我們的身體會有所回應。

同樣的，當我們開心的時候，精力就會比較充沛，感覺超好的！不但做事更有效率，還笑口常開。因此，既然我們理解調節身體的優點，就必須用同樣的角度去思考調節心智會帶來的好處。

而事實上，我們的心智已經受過調節了——包括我們讀過的書、父母養育我們的方式、薰陶我們的文化、跟我們出遊的朋友，以及我們做過的研究等。雖然我們可能沒意識到自己正在進行的調節，也不了解自己在這次調節中扮演的角色。

但假如我們能了解自己在這方面有控制力，可以重新調節心智、將其導向嶄新的可能性，那會如何？假如我們可以與自己的心智攜手合作，而不是被自己的思維擺布；可以將負面事物轉成正面、將恐懼轉換成熱情、讓錯誤變成我們實現夢想的途徑……那會是什麼感覺？

李小龍花在調節心智的精力，就跟他訓練身體一樣多。但這不表示他喜歡微積分、填字遊戲或數獨。他是刻意將自己的思維、智慧與想像力，導向自己的夢想、理想中的生活、希望達成的目標，以及更加了解自己。

他同時調節自己的意識與潛意識，並刻意鍛鍊自己的「精神肌肉」，如此一來，他就可以讓自己的態度更柔韌，並將知覺往目標的方向延伸。

李小龍有許多工具可以運用，而我也會在後面的章節中提到。但是你必須先讓自己的內心準備好，開放並接受一切，才能開始這種心靈調節（或重新調節）。請先清除精神上的雜音、關掉內心獨白，然後堅定的踏入當下、感官全開，且不帶任何批判。

這種心靈調節聽起來可能令人卻步、也可能很輕鬆——其實兩者皆是，卻也兩者皆非。它就跟所有事情一樣需要練習、養成習慣，最後習慣成自然。所以該怎麼起步呢？

首先我們必須接受一個概念：我們可以行使自己的「心之領導力」。我們必須相信自己能夠指揮與培養心智。

如果你覺得這個概念令你很頭痛，那我要提醒你，有很多東西都是透過重複與強迫而學來的。就像你背誦九九乘法表、或是父母再三提醒你不要插嘴。從小到大我們都被教導、以及教導自己許多東西，例如學習其他國家的語言，或是看著食譜做菜。

不過，還是有許多人覺得自己無法控制思考與感受，因此也無法控制態度。或許我們會有拋棄這種控制力與責任的念頭，而且永遠揮之不去。但請試著跟我一起向前邁進，承認只要自己願意，就有力量調節自己的心智。

這是旅程的第一大步，你將發現自己的潛能，並將其最大化。而這一大步是從以下這一小步開始的：你現在在想什麼？

拘泥於計畫，會讓你看不到現實

你有留意過自己的想法嗎？你有意識到自己在想什麼嗎？你能輕易聽到自己內心的獨白嗎？稍微停一下，傾聽自己在想什麼吧。你會注意到，這段獨白很輕易就會變形、改變路線，尤其是你開始在意它的時候。

你也會注意到，有些想法很實際、以解決問題為導向，像是「我要去拿洗好的衣服」；也有些想法則是批判自己與別人，像是「我忘了付瓦斯費，真是白痴」。有些想法很愉悅、無害：「我穿這套衣服超帥。」有些想法就很奇怪：「我很好奇凍死會是什麼感覺？」若想留意你心中的杯子裡裝了什麼東西，第一步就是傾聽自己的獨白，接著則是開始培養杯子裡的東西。

當你練習傾聽自己的想法時，看看你是否能發現思緒卡住的地方。哪些想法在你心中揮之不去？哪些概念在你腦海不斷迴盪？你會一直罵自己很笨嗎？你會一直關注別人的穿著與長相，然後拿他們與自己比較嗎？你看到別人創作出偉大傑作時，會渴望自己也創造出好作品嗎？你會希望做別的事情、或達成某個不同的人生目標，但也不知道該做什麼或目標在哪裡嗎？

我人生中的某些時期，常常被困在各種比較與消極態度之中。例如我的朋友陷入熱戀且戀情美滿，而我卻單身時，我的思緒就會五味雜陳——嫉妒、自憐、無助、覺得自己沒人愛。我並沒有為朋友感到高興，或選擇抱著開放心態期待戀情。我的思緒會卡在「為什麼我沒辦法談戀愛」，好像我用想的就能想出新戀情一樣。

李小龍稱這種狀態為「緊揪之心」（grasping mind）或「拘泥之心」（sticky mind）。

在武術中，這代表你在與別人交戰時，試著施展一些策略，卻與當下真正發生的事情無關，導致自己被卡住了。你自認為的聰明，反而讓自己的計畫與情緒給阻礙，而無法回應當下真正展開的事情。換言之，你擋了自己的路。聽起來很耳熟嗎？

某次的終極格鬥冠軍賽（UFC）令我印象深刻。賽前播放兩位選手的介紹影片，其中一位選手開始談他的作戰計畫：他要先這樣、再那樣，然後用這招獲勝。他講得頭頭是道，而我心想：「這傢伙輸定了。」結果他真的輸了。他輸是因為過於拘泥自己心中所想的計畫，而不是專注在真正發生的比賽。

當比賽開始不照他的計畫走，他就無法流動、專注當下，他的成熟度與能力都不足以對此刻採取適當回應、改變戰術以及結果。他的心思拘泥於自己的預測、希望與假設，所以他無法看見、感受與回應實際發生的事情。他沒有處於當下，他的杯子太滿了。

心思不能停留在某一處，而是要持續不停的流動，無視所有限制。不要費力讓思緒局限在某個地方，而是讓它充滿整個身體，讓它自由的流過你。別緊抓著或拘泥於任何想法，也不要從預設立場看待「事物的本質」。這並非不帶情緒或感覺，而是不讓感覺被拘泥或阻礙。

這句話值得反覆強調：「這並非不帶情緒或感受，而是不讓感覺被拘泥或阻礙。」並非要否認、埋藏、逃避你的感受或你對這些感受的想法，而是要感受它們、承認它們，然後與它們合作。了解它們試圖告訴你哪些關於你，與現在這個狀況的事，讓它們指引你哪個地方需要再努力，但別讓它們壓倒你、絆住你、破壞你的平衡。它們有資訊想告訴你，請收下資訊，感謝它們，然後往前走吧。

不一定要打坐，你也可以邊跑邊想

這或許不令人意外，李小龍從青少年時期開始，都持續以各種形式來冥想。冥想是個很棒的工具，能夠在心中創造必要的平靜空間，獲得新的思考角度並清空你心中的杯子。我認識許多人有冥想的習慣，也認識許多人根本受不了冥想。但實際上，每個人都會透過某些形式冥想——你只是不知道自己已經會了。李小龍確實偶爾會坐下、盤腿、閉眼，將手掌安穩放在大腿上冥想，但他也會從事其他形式的冥想。但在我們進入正題之前，我先來說明一下冥想為什麼會有用。

以我們此刻的目的來說，冥想應該被理解為一種放鬆思緒、並讓它稍微浮動的方法。

▲在河畔邊冥想的李小龍

這是一種創造空間的練習——讓你從各種動機、想法中解放，幫助你與既放鬆又平靜的本性產生連結。

你可以將它想成做白日夢的感覺。雖然醒著，但心並沒有被束縛，而是透過想像、概念、思緒輕鬆進入「無」的狀態，不被任何事物煩擾——就像帶著膨脹的游泳圈在輕柔的深水池裡漂浮一樣。而維持漂浮並不需要做任何事情。

它感覺很放鬆、自由。沒有任何傳統的「思緒」在作用。你不會去想今天過得如何、你的待辦事項、跟伴侶吵過的架、或是你冥想結束後要去哪裡。你並沒有處於「蒐證模式」。你只是給自己空間，放掉所有思緒。

當然，當我們試著冥想時，喋喋不休的思緒確實會奪走我們的注意力，尤其是剛開始的時候。心智的主要功能之一就是分析，所以心思迅速切回「解決問題」與「計畫」模式，是很正常且自然的。

發生這種情況時，別怪罪自己或感到挫折。這只是過程的一部分，而且光是注意到這件事，就已經往正確方向邁進一大步了。這表示你開始留心了！所以只要你有注意到這件事，請給自己一個讚，然後把你的游泳圈充好氣，重新專注於中立狀態吧！

有許多技巧可以建立這種平靜空間。有些人在思緒開始亂飄或妄下評斷時（這是無可避免的），會透過深呼吸將思緒引回正軌。

有些人會運用口號或視覺化。而李小龍偏愛的冥想方式就有點不一樣。他喜歡在移動時解放自己的心思，並任由它浮動。

他把晨跑當作冥想時間，有時也會在自家後院邊散步邊冥想。重點不在於你怎麼冥想（無論眼睛張開或閉上、坐著或移動），而在於精神平靜的空間，在於釋放與留出空間給新的觀點。只要明白這樣怎麼幫助到你，你就又朝了解自己與清空杯子邁進了一步。

我希望大家把這種冥想當成「化為水」修行的潛在工具之一。李小龍堅定的認為冥想不應該是「力求」讓自己平靜。因為「力求」就是「放空」的對立面。他曾寫到冥想時經常體驗到的認知失調：

我心想：「我必須放鬆。」但是一這樣想，就已經違背我想放鬆的本意了。「必須努力」跟「放鬆不費力」是不一致的。

冥想的時候，我們應該退讓、屈服、放鬆、隨它去。只要留出空間就好。

正念與冥想的練習，都能夠幫你「回到現在」。它們都是讓我們學習清空心裡杯子的好用技巧。如果你每天練習（甚至只要五分鐘就好），或者從事任何不需要思考的活動（慢跑、著色、散步、洗碗），你將會開始發展出令你精力充沛的放鬆感覺，而你的杯子也會瞬間騰出許多空間，接受各種新的可能性。就跟李小龍年輕時划船出海一樣，你等於在給自己空間去沉思、感受與存在。

我個人喜歡用一種快速練習，它是借用李小龍的「化為水」名言，當作視覺化的指引，使我的心靈平靜並留出空間。我把自己的心想像成一個神聖的碗，裝滿了我當天的所有思緒與感受。而當我說或想著「放空你的心，如水一般無形」這句話時，我就想像所有的思緒都被倒出碗外，然後洗刷我的身體，就像輕柔的瀑布一樣。

我將煩惱、待辦事項與壓力滲出我的身體，讓它們被地面吸乾。接著我安靜的坐著，而我的「心碗」重新裝滿乾淨、清澈的靜水（或者白光，反正就是讓人舒服的東西）。

你也可以把你的空碗看成一種邀請，以裝滿你當下需要看到或感受到的事物。重點在於不要強迫自己去看、去感受，而是任由事物進來。如果沒有任何東西進來，那就用清澈的水或光線把你的碗裝滿，再用它們洗刷你的身體。感受自己被滋養，感受自己變輕。深呼吸、放鬆，然後花幾分鐘放空。這種練習令我想到李小龍的一句名言：

> 如何讓混濁的水變清澈？只要讓水靜止，它就會自己變清澈。如何充分的休息？只要保持平靜，任由時間流逝，最後就能充分休息。

放空是一種過程，沒有終點

西方人認為「無」是「空虛、不存在」的意思。而在東方哲學與現代物質科學中，「無」或者「無物」是一種過程，永遠都在動。

請記得放空的目的只是一種過程，「淨空你的心」這件事沒有能夠抵達終點的路，因為過程是一直在進行的，所以沒有終點。一旦你開始注意到自己的內心獨白，並開始練習放空你的批判之心，這段過程就已成為你的一部分。

有時候你會澈底忘記這種練習，然後舊習復發。如果發生這種事，只要重新來過就好，不需要責備自己「做錯事」。我們的目標，是要拋開每件事都分對錯的二元思考。我們可以回想自己做過、或沒做過哪件事，我們可以回想自己對這些事的感覺；這些事不一定有對錯，它就只是一件事情而已。正如李小龍所說：

想要與「事物本質」共存，就必須心平氣和。只要完全沒有比較，「事物本質」就會浮現。我們需要的不只是當下的感覺，而是持續留意、持續探究，而且這沒有結論。只要不以選擇性的眼光來觀察外界，就能發現驚奇之處。原來不必焦慮、不必有所求，就能盡情留心於當下。在這樣的心智狀態下，你就會產生洞察力，而這種洞察力可以解決我們所有問題。

洞察力真的如他所說那樣，能解決我們所有問題嗎？就許多方面來說確實如此。洞察力或許無法立刻換成錢，給你繳明天的房租，但它會讓我們以不同的角度思考所處的情況，並發現之前沒發現的可能性。

它甚至會幫助我們，以更接納、平靜、鎮定的心態面對挑戰。透過這種轉變，我們將獲得巨大的潛力，面對所有事物都能夠先容忍、再靜下心來，最後想出實際的解答。

在大多數情況下，如果我們能夠明白如何以嶄新的眼光與見解看事情；如果我們能夠學到關於自己與當下情況的新知；如果我們能夠拋開批判、期望與合理化；如果我們能夠學會隨著目前的局面流動、而不是抵抗它，我們的杯子就會持續充滿新的可能性、解答與概念，因為你永遠都能騰出更多空間。接著我們就可以真正轉型（改變）自己的人生了。

李小龍的人生哲學

- 「放空自己」並沒有負面意義。而是「敞開心胸接受一切」的意思。
- 不要譴責別人，也不要為自己辨解。最重要的是，不要一開始就妄下定論。
- 重點在你如何回應，而不是事件本身。
- 所有看起來完美的概念與想法，都只存在於當下。
- 別緊抓著或拘泥於任何想法，也不要從預設立場看待「事物的本質」。這並非不帶情緒或感覺，而是不讓感覺被拘泥或阻礙。
- 如何讓混濁的水變清澈？只要讓水靜止，它就會自己變清澈。

第三章

理解你的無知，審視每個「應該」

我很確定每天都有我能獲得的啟示與新發現。

我不敢說自己達到了多少成就，因為我還在學習，

而且學無止境！

一九六四年，李小龍已經在加州奧克蘭市成立了他第二間武術學校。他娶了我母親，夫妻倆正在期待他們的第一個小孩，也就是我哥哥——李國豪。

李小龍在西雅圖與奧克蘭開的學校，叫做「振藩國術館」，傳授詠春拳（他年輕時在香港學的武術）的稍微改良版。我說「稍微改良」，是因為當時李小龍打算改良一些技巧，並且進行實驗。

這些改良並沒有跟傳統的基準差太多，就只是腳挪個角度、腰部多動一下、更快啟動以回應對手之類的。大致上李小龍還是在教詠春拳。

但因為他是李小龍，而且才二十四歲，所以行為舉止有些衝動。他反抗傳統武術的程度，令舊金山唐人街的守舊派很頭痛。李小龍會在唐人街的「新聲」戲院（Sun Sing Theater）示範武術，而且他會大聲、傲慢的批評許多中國武術因為動作太累贅而無法進步，還反覆使用「狗屁倒灶的傳統」（classical mess）這個詞來貶低其他功夫門派。接著他會請人上臺跟他切磋，看他們是否能勝過他的技巧。

而且他好像還嫌惹到的人不夠多似的，任何種族、背景的學生他都收。在正統功夫門派的眼中，傳統是必須遵守的。雖然偶爾會有非中國人找到管道學功夫，但絕對沒有開放招生一般民眾的門派。李小龍不尊重、甚至「毀掉」老派作風，令唐人街的傳統主義者無法忍受。

一九六四年末，舊金山唐人街社區向李小龍發出戰帖。他們已經受夠這個膽大包天、作風叛逆的年輕人，所以想盡辦法要讓他閉嘴。他們提議在李小龍於奧克蘭成立的學校進行比武，假如他們推派的代表贏了，李小龍就不能再教拳；假如李小龍贏了，就可以繼續他無拘無束的風格。

李小龍當然接受這項挑戰。他絕對不想讓任何人用這種方式規定他的人生，而且他非常自信自己能贏。他對自己的能力有信心，無論結果如何，他一定會挺身為自己與自己的理念而戰。

這聽起來好像在演電影，卻是我們家的真實生活。我的母親當時已經懷孕幾個月，就坐在旁邊觀戰，陪同她的還有李小龍的好友——助教嚴鏡海。唐人街那群人於一九六四年十一月在李小龍的學校集結，準備比武。他們隨機推派一位代表，雖然武藝高超，但跟這場私人恩怨沒有直接關係。接著他們開始訂規則：不可以挖眼睛，不可以攻擊鼠蹊部、不可以這樣、不可以那樣……於是李小龍制止了他們。

沒有規則。

李小龍表示，假如他們真想要威脅他的生計、並且奪走他大半的自我，那就要毫不保留的真打，打到有人倒下或認輸為止，就這樣。唐人街這幫人討論了一陣之後表示同意。於是所有人都往兩旁移動，而李小龍完全不囉嗦，立刻出招。

這場比武確實很「反傳統」，因為雙方交手了幾拳之後，李小龍的對手就落荒而逃，而李小龍則試圖抓住對方，並從後方攻擊。對方為了保命，連傳統技巧都忘了，出拳很草率，甚至有點亂揮。

整場比武只持續了約三分鐘。李小龍的對手趴在地上，而李小龍站在一旁握拳用廣東話大吼：「投不投降？投不投降？」最後對方終於認輸，回答道：「我投降。」

等大家都離開之後，李小龍坐在學校外面的路邊，把頭埋進雙手裡，就像打輸的人一樣，可是他明明就打贏這場比武了。我母親靠近他，問他為什麼看起來這麼難過，他不是應該慶祝嗎？

是啊，他贏了。可是他想到一件事，比勝利後的自我滿足感還強烈。截至目前為止，李小龍在示範武術的時候，都會說出「試著打我」或「試著擋我的拳」之類的話。但他敢這樣慫恿對方，是因為他身在自己的經驗舒適圈裡。也就是說，他多少有預料到這些情境下會發生什麼事；這些情境是受到控制的。但今天這場比武不一樣，讓李小龍受到全新的考驗。

首先，他必須追著對手滿場跑（這在比武中並不常見），讓他氣喘吁吁的。第二，他必須從背後攻擊正在逃跑中的人——這可不是練武之人會練習的情況。最後，他們完全不照傳統的架勢與規矩來，出招沒有節制。雖然這要求是李小龍提的，但他對於後來發生的事情還是沒有完全準備好。

這場比武讓他發現了先前不了解的自己——尤其是生理狀況沒有很好的自己。別誤會我的意思，他身材很好，但他只是因為有練武功才有這種身材，並沒有真正去健身。

這場比武結束後，他清楚了解到傳統的詠春拳訓練，並沒有使他準備好面對「什麼事都可能發生」的情境。雖然他還是贏了，而且沒有失去冷靜，拳拳到肉，但他跟對方都是即興出招，所以他覺得沒有把持好自己，太隨興了。李小龍發現自己還有許多事情要考慮與學習。

這場比武成為李小龍的人生關鍵時刻。假如他當時不夠「放空」，也就是騰出空間來真正評估整個情況，他可能就看不到自己要學的東西了。他大可跟好友嚴鏡海擊掌慶賀，擁抱我媽，出去吃一頓好的，然後跟其他朋友炫耀他怎麼趕走那些唐人街老頭。但如此一來，你現在就可能不認識他，而我也絕對不會寫這本書了。

李小龍並沒有陶醉於勝利的喜悅，而是藉由這場比武得到的教訓，開始了一段漫長的個人旅程。他開始對以下問題感興趣：成為十項全能、身體強壯、創意十足的武術家有什麼意義？釋放自己的極限有什麼意義？還有對我們來說最重要的：成為「流動之人」（fluid human being）有什麼意義？

那場比武之後沒多久，李小龍就開始考慮格鬥的現實面，以及假如不被傳統、規範或

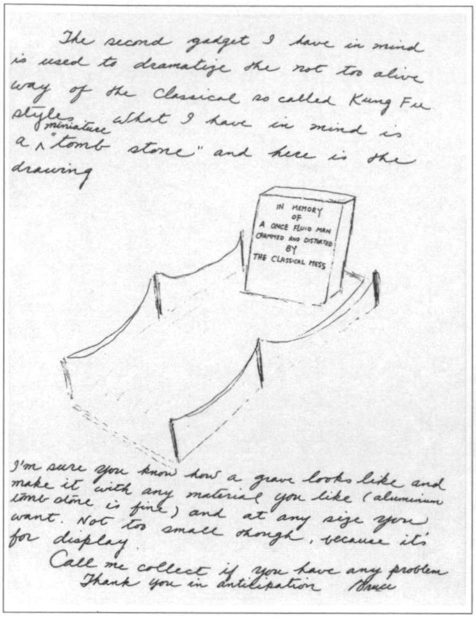
The second gadget I have in mind
is used to dramatize the not too alive
way of the Classical so called Kung Fu
styles. What I have in mind is
a miniature "tomb stone" and here is the
drawing

I'm sure you know how a grave looks like and
make it with any material you like (aluminium
tomb stone is fine) and at any size you
want. Not too small though, because it's
for display.
Call me collect if you have any problem
Thank you in anticipation Bruce

▲李小龍親手畫的迷你墓碑草圖（左）、實際成品（右）

特定流派束縛，會有什麼可能性？這算是他武術生涯的最大啟示，也是截拳道的開端。為了表明、證實他對這段新旅程是認真的，他找上自己的好友兼學生——李鴻新，請對方為自己打造一樣東西。

他畫了一張迷你墓碑的草圖，寄給李鴻新，並請他在墓碑刻上這句話：「紀念一位曾被狗屁倒灶的傳統，填滿與扭曲的流動之人。」這個墓碑提醒李小龍，象徵受限且僵化的傳統方法必須「死」，他才能重新站起來，恢復原本流動的自己。它也提醒李小龍，要像流水一般往前進。

別只想當師父

每個人都要親自實現自我。這件事師父不會教的。

李小龍從來就不想被人尊稱師父。他說：「**一旦你說自己已經登峰造極，接下來就一定會走下坡。**」他反而把自己當成永遠的學生，總是敞開心胸接受新的概念、方向與成長的機會。他認為這段過程就像在剝洋蔥——總是能夠發現他靈魂中嶄新的層面，並揭曉新的理解層次：

我這輩子似乎都在審視自己：每天都剝開自己一點點。我因此更懂得做人、更深入探索自己、提出更多疑問，而我也能看得更清楚。我滿開心的，因為我每天都有成長，而且老實說，我也不知道自己的極限在哪裡。但可以確定的是，每天都有我能夠獲得的啟示或新發現。

這段話出自一個熱衷學習的人。對於理解與成長的專注熱情，算是他其中一項天才特質，使他能夠振奮自己擺脫束縛，進而探索與創造事物。他能將原本的訓練與別人不屑一顧的概念做連結，因為他心胸開放，是一位十足的實踐者。

比方說，他在研創截拳道時，不只是鑽研標準武術以獲得靈感與資訊；他還參考了西方的拳擊、擊劍、生物力學與哲學。他欣賞拳擊的簡潔，因此將其概念融入自己的步法與上半身的招式（刺拳、後手直拳、勾拳、上下左右擺動等）。

擊劍方面，他觀察了步法、間距，以及「一般反攻」（stop hit）與「還擊」（riposte）的時機——這兩個技巧都是用先發制人的動作，來應對對方的攻防。生物力學方面，他研究全身的運動，試圖理解動作的物理法則，以及如何增進生物學上的效率與強度。

至於哲學，他讀遍了東西方著作，像是英國佛教作家艾倫．華茲（Alan Watts）、老子與克里希那穆提。此外他也挑了幾本當時受歡迎的自助書。李小龍敞開心胸接受所有靈感與可能性，唯一能限制他的，就只有他自己的想像力與理解力。

我也喜歡實驗自己的生活。我不斷進行小型測試與模擬情境，看看能從結果當中得到什麼個人的見解，我什麼事情都做過。有段時間我對所有邀約都來者不拒；有幾天我坐著吟唱特殊的頌歌；還有一陣子我每天早上都喝溫檸檬水。

我參加過令我感興趣的各種儀式與研討會；我曾經狂熱的追隨我的直覺；我曾經刻意建立一段特殊的關係，想看看它會怎麼發展。

如今我進行這些實驗時，都會試著保持放空（開放、不批判）的姿態，這樣我才能真正看見、感覺與找到對我來說最佳的生活方式。

我的實驗也常有中斷的時候，但就算這樣，我也能獲得一些有用的資訊。我沒堅持下去是因為實驗對我沒用嗎？我停止實驗是因為它太困難，還是我遇到了某種盲點或阻礙？學習與成長的可能性是無止盡的，只要你準備好投入其中。最重要的是，站在這種實驗的立場，所有事情就會變得稍微不那麼沉重、稍微有趣一點。

好奇心與可能性所建構出的新視野，能使你的選擇不再固定且受限，如此一來你就不會感到壓力與恐懼。只要把人生當成一場實驗，敞開心胸調查新發現，生活的重擔或許就能減輕一點。

戴上你的「研究員帽子」

我的朋友兼同事雪倫．李（Sharon Lee），推行了一個名叫「創意星期五」（Creative Fridays）的計畫，由「李小龍家族公司」（Bruce Lee Family Company）全體同仁共同實行。其中一個指派給我們的任務，就是去參加一項我們有興趣或好奇、卻從未試過或實驗過的事情。這表示我們要戴上「研究員的帽子」，實地探索一番。

我天生有點內向，有時會很難融入社交場合與人自在交談，總是希望旁邊有健談的人讓我「搭便車」。但當我能夠以「研究員」的視野運作自己，我就突然有了全新的角度。我不再需要成為那個緊張、不擅言辭、不知道該說什麼的人，因為我正在執行探索任務。我可以把聚光燈從自己身上移開，然後正對著我的研究對象。

有了這種嶄新的自由後，我開始對自己有興趣、卻從未嘗試的課程與社交場合都來者不拒——呼吸法、陌生人的派對、靈氣療法……我能夠觀察周圍的人並與之對話，因此我得以練習成為更開放的自己。

這種好奇的態度既自由又有參與感。你不再只是被動的參與者、等著被叫喚的旁觀者，或是為了想變得耀眼而把所有壓力加在自己身上的人；你扮演的角色是冒險家、偵探、記者或人類學家。當你變得主動參與（甚至只要「看起來」有參與），用好奇的眼光看事情，全新的世界就會對你敞開，事情並沒有你想像的這麼無趣或可怕。

每當我的女兒說她很無聊、或她的老師很遜，我都會給她以上的建議。我要她挑戰自己，看看她能發現哪些有趣的事物，就當成自己在玩。任何狀況都看看有什麼可以學習或觀察的地方。

比方說，你現在就可以稍停一下，觀察你的環境。你在咖啡店嗎？在家睡覺嗎？你的感覺如何？你覺得精力充沛或興致盎然嗎？或者你很難撐過去，昏昏欲睡？你在自己喜歡的地方嗎？或者你被噪音干擾，覺得很煩？你學到哪些關於自己的事情？你能夠察覺現在是什麼東西煩到你嗎？書、噪音、還是今天稍早發生的事？你可以改變做法嗎？或者你已經盡力做到最好了？你現在學到哪些關於你的事情，而你之前或許並不知道？

總是有事情值得去注意，有時候最有價值的事物，就是做你不想做的事、或去自己不想去的地方時發現的，如此一來，你就有機會從此處畫出一條新路線！這種資訊是很寶貴的，它能避免你往偏離自身靈魂的道路走去。

研究自己的經驗

截拳道與李小龍的人生都有一個核心要求：「研究自己的經驗。拒絕沒用的、接受有用的，再加上真正屬於自己的。」

正如本章開頭的故事一樣，李小龍接收了奧克蘭那場比武的所有經驗，而這是非常重要的。假如他打贏之後對某些方面感到苦惱，卻沒放在心上，想等到日後再說（或根本就忘了，人經常這樣），他就錯過了成長與改進的大好機會。但正因為他非常認真留意這整段經驗（尤其是讓他苦惱的部分），他才能研創新的武術流派與哲學，進而改變了全球的武術風貌。

雖然李小龍為我們舉了一個傑出的例子，但請記得，本書的重點是你，以及你的人生路線與方向。李小龍的人生故事已經寫完了，而你的還在繼續，不過他可以當你的絕佳嚮導。事實上他自己就說過：

> 請記住，我不是老師；我只能充當迷途旅人的路標。該往哪個方向走是由你決定的。我可以提供經驗，但絕非結論，所以就算我說了什麼話，你還是要澈底審視之。我或許能喚醒你的意識，幫你發現與檢視問題。好老師的功能是指點方向，而不是給予真相。

換句話說，不要放棄你的主導權與個人力量。走自己的路、累積自己的經驗。尊重並感激你遇到的路標、你學到的教訓、以及指引你方向的老師，但要記得，每個人都必須為自己的道路與成長負責。

正如我之前說的，你的經驗中總是有值得注意的事。最好的起點，就是先留意一件事情給你的感受——有趣？平淡？引人入勝還是無聊透頂？這使我們能夠明辨、評估所有經歷過的事情，然後明白其中哪些事件，可以為自己帶來啟示。如此一來，我們就是在嘗試找到（或想起）自己的本性。

請記住這件事，水如果沒有「做自己」的必備要素（流動性、與水源產生聯繫），它就會停滯、蒸發。為了研究自己的經驗，我們必須從周遭學習——我們必須處於完全流動的連結狀態，以評估並追求那股讓我們最活躍、最快樂、最忠於自我的能量。

理解你的無知，審視每個「應該」

當我們研究自己的經驗時，最棘手的部分，就是我們通常不理解自己的無知。什麼是「我們自己的無知？」就是不理解真正的自我，也就是我們的靈魂本質。

我們不理解自己在創造人生方面扮演了什麼角色，所以常常歸咎於外在因素，而不是反省自己。這個問題出自於自尊心。我們經常以為自己知道想要什麼，或自己該走哪條路，因為自尊心讓我們覺得，自身的想法一定是對自己最好的。

美國作家蓋瑞．祖卡夫（Gary Zukav）在其著作《新靈魂觀》（*The Seat of the Soul*）中，將這種現象描繪成「人格需求與靈魂需求之間的掙扎」。所以我們該如何分辨哪些需求出自我們的自尊心，哪些又出自我們的靈魂或本質？

有個關鍵指標能看出主導你的是自尊心而非靈魂，那就是「應該」這兩個字。如果你的決定大多數都出自「應該怎樣」，那麼引導你的就不必然是真實、本質的自我。你正在把自主權讓給那個要你「應該怎樣」的裁決者——父母、伴侶、老師、宗教、社會等。

另一個要小心自尊心作祟的時機，就是你太在意別人怎麼看你。自尊心來自對自己的想像，以及你多渴望別人用特定眼光看待你——也就是你的名聲。

如果你擔心別人對你的想法，如果你需要別人認為你是好人，如果你從來就不想當壞人，如果你需要豪宅跟名車，那就表示你的自尊心在嚴重作祟。

想擁有好東西或當好人並沒有錯，但這樣會使你擾亂自己心靈的平靜嗎？你是否太執著於別人對你的想法或感受？你是否在做不想做的事，只因你想被人用特定眼光看待？你的自我價值是依外在環境而定的嗎？

一旦我們發現自己是依照自尊心行事、而不是忠於真實的自我，我們該怎麼進一步理解自己無知的原因——尤其我們一開始就不知道問題根源所在？

發覺自己的無知，其實是佛教經文的深度概念，審視自己是怎麼因為將「幸福建立於外在事物上」而受苦、或因為太依戀外在事物而不幸福。李小龍經常提到這件事。若要發覺自己的無知，就需要高度的自覺與誠實，但就算我們沒有完全自覺，也還是可能辦到這件事。我們只需要決定真正該審視的事物就好。那我們該從哪裡開始？

「應該」這個詞是其中一個可以起頭的地方。當某人提供選項給你，而你感到「應該」兩字來找你了，請傾聽自己的聲音，並留意你的感覺。

你媽希望你感恩節回老家吃飯。你覺得「應該」要回去。這個「應該」讓你感覺如何？充滿活力？還是死氣沉沉？如果它令你充滿活力，那麼你的「應該」就是真實自我的表現，所以這裡的「應該」並不是它字面上的意思，而是你認為這件事對你很重要，例如家庭團聚時光、旅遊等。它是在表達你的心。

但假如你覺得沉重或不知所措（就算只是稍微有點感覺），那你就要好好審視一番。你為什麼沒有興奮？為什麼覺得沉重？開始調查吧！雖然你的決定可能不會因此改變，但你還是能夠闡明原因，讓自己的思路更清晰、自由。你能夠探索到自己真正珍視的事物，以及你必須努力的地方。

「無知」（ignorant）這個詞本身也有玄機，它的詞源是「忽視」（ignore）這個詞。你忽視了人生中哪些事情？哪些想法不停糾纏你，而你想擺脫它？哪些感受一再浮現，而你硬是否認、往肚裡吞？哪些模式在你的人生中不斷重演？

我認識一個人，總是跟我說別人都在說他壞話，說他是「雙面人」。他跟我說這不是真的，那全都是八卦與謠言，而他不知道為什麼大家整天都在講這些事情。我對於此事的真假不帶任何立場，而是建議他問自己以下問題：他做了什麼、或沒做什麼事情，讓大家不相信他是正人君子？接著他就可以調查這件事、真正審視自己，並觀察別人怎麼看待自己，最後再決定自己需要改變哪些地方。

當然，有些「應該要做」的事其實是對你有益的，例如「我應該注意飲食」或「我應該多運動」。這些「應該要做」的事或許正是你需要的，但因為你覺得「應該」要做而心生排斥或刻意忽視，所以這些事情就感覺很沉重，而這也是你需要深入了解的地方。

或許問題其實不在飲食或運動，而是你內心的傷痛使你無法振作——也就是你持續忽視的地方。

我個人很喜歡用吃東西來安慰自己，而且一直都這樣。為了改掉這個習慣，我這輩子都不斷在掙扎。我依稀記得自己從三十幾歲開始這樣的行為，然後接下來十年我都在責怪自己這麼做，但還是改不過來。食物變成一種獎懲的管道，你要抗拒、控制它，但它會讓你舒服、快樂。而且你也不能完全不吃東西——食物可是必要的養分！

單是知道這件事並沒有讓我得到解答，部分是因為我沒有以好奇、開放的心態，主動試圖解決問題。我承認這個問題存在，但為了讓社會接受我，我就已經耗盡心力，無法做其他事情了。不斷抱怨，貶低自己，盲從狂熱的減肥與運動潮流；有時覺得自己很遜，有時又覺得自己沒有很胖，這問題真有那麼嚴重嗎？

假如一件事情占據你大量的身心能量，那麼無論它是否表現在生理上，都已經算是問題了。如果你不處理它，它就會持續把你鎖在內心掙扎與否定自己的人生中。然而，要是你能對自己誠實（即使不知道該怎麼處理它們也無妨），至少能知道是哪些事情在折磨你的內心。

直到我四十出頭的時候，有一天我跟某人談起我對父親過世的記憶。我向對方描述自己對於香港那場葬禮的鮮明記憶。那是一種混亂的感覺。數千人沿著街道排隊，每家新聞臺都派來大批團隊，粉絲在人行道上哭泣。

葬禮是開棺進行的，母親、哥哥與我都穿著傳統的中式白色喪服。我們必須擠過滿場的電視攝影機與攝影師，才能到我父親的遺體前進行鞠躬儀式，然後在他的棺材前面席地而坐。我記得這種混亂的局面，就像在我周圍打轉的龍捲風，但我只能眼睜睜看著這場風暴，而不知所措。我整個人愣住了，或許處於驚嚇的狀態，畢竟當時我才四歲。

葬禮結束後，有位好心腸的人牽起我的手說道：「走吧！我們去吃糖！」而我當時心想：「太好了！我現在正好需要一些讓自己開心的東西。」就這樣，四十幾歲的我，終於揭曉了自身飲食問題的其中一個根源，以及其來龍去脈。當然謎題並沒有完全解開，但對於這個困擾我一輩子的問題，上述線索已足夠讓我理解其中一個成因了。

其實線索一直都在，但我沒找到，因為我沒有用心檢視。我逃避父親過世時的感受，也因此我無法真正看清壞習慣從何而來。我的安全感被裹在一顆糖果裡（或是一整袋，你懂的），而且我以為自己的不當飲食，只能透過強烈否定自己來控制（過來人的建議：這種方法無法治癒任何傷痛或解決任何問題）。

我每天都越來越了解自己、並且改變自己的觀點，就像李小龍一樣。我更加意識到自己忽視或否認了什麼事，而且我的學習過程變快、掙扎更少、也更不緊張。這次關於自我安慰的啟示，雖然不是完整的解答，卻給了我探索的方向，進而理解自己還必須深入檢視哪些事情。李小龍自己就說過：

> 學習就是發現，發現我們無知的原因、發現我們內心有什麼。當我們發現的時候，就是在揭曉自己的能力、張開自己的雙眼，藉此找到我們的潛力、觀察發生了什麼事、發覺如何拓展自己的人生、找到能夠幫助自己應對與成長的工具。
>
> 別急著「修正」事情，而是在持續進行的發現過程中，充實你的理解力，找出更多無知的原因。

雖然我的「飲食心魔大突破」發生的非常偶然，但你也不一定要用這麼戲劇性的方式。你可以把這段故事當成一種警告：假如你是主動做出決定，而不是突然醒悟才開始留意，就可以省去好幾年的內心掙扎。

因為說實在話，假如我當時就真心想早點解決這個問題，鐵定會更仔細去一探究竟吧。所以我鼓勵你敞開自己、深入檢視，即使過程會有點痛苦或可怕。

開始「真心檢視」

你需要勇氣才能正視自己的心魔，需要努力才能解開它們，而你有時會覺得挫折。你會覺得不知道自己在做什麼，或下一步該怎麼走才是最好。這段過程會偏離過往的認知，所以你會覺得有點不安全。

你也可以選擇不正視、不去了解自己，這樣雖然省事，但你一輩子都要忍受這種藏在靈魂深處的不適。只要學會技巧並勤加練習，你將能發展新方法，透過成長克服你恐懼的事物。如此一來，面對考驗時就會比較輕鬆一點，而且這段過程其實還會引起你的興致、激發你的熱情。

在奧克蘭的比武中，李小龍能夠感受到自己的掙扎、挫折與恐懼，但他並沒有逃避或隱藏它們，而是對自己說：「靠近一點看個清楚吧！」他認為「**理解自己的恐懼，就是開始真心檢視自己**」。

你必須願意正視癥結。如果你不深入檢視，那麼你永遠都不會發現自身的某個盲點——這個盲點可能會一再阻礙你、破壞你，使你無法痊癒與成長。

理解恐懼，是發揮自己潛能重要的一步。李小龍解釋道：「恐懼會迫使我們堅守傳統與權威。人如果心生恐懼，就不會積極進取。」他接著說道：「怕痛——也就是一點苦頭都不願意吃，正是自我發展的大敵。你一感到不愉快，就中斷了持續留心的狀態，然後你就因噎廢食了。」

因此，關鍵在於將這些不安的時刻「融入」你的注意力與意識之中，而不是逃離它們。當你正視恐懼的時候，就會發生一件神奇的事情：恐懼無法再駕馭你了。它會變成自我理解過程中的另一條線索、另一個興趣點、另一層發現。

請記住，別被自己的恐懼與缺點打敗了。我們都有恐懼與缺點，它們只是路線圖，指引你找到需要鑽研、探索的地方。而你即將會發現，我們可以從另一面思考自己的弱點。

長處同時也是弱點

弱點與長處有著密不可分的聯繫。你可能認為它們是分開的——**你有弱的地方，就一**

定會有強的地方。不過我覺得這種優缺點的二元性，其實是陰陽概念在現實生活中的展現。

更仔細審視自己後，我已經有所領悟：如果我不承認自己的缺陷，就無法以自己的能力為傲，反之亦然。比方說，我很擅長獨處、我喜歡靜下來；我很堅強、自給自足，而且不會輕易感到無聊。與此同時，有時我會孤立自己，而且很難與別人聯繫；我明明需要幫忙，卻不求助。我擅長硬拚出自己的人生路，但我可能因此而筋疲力竭。

我也從許多不同的經驗中，發現自己喜歡變化。我喜歡飲食、工作、事務的變化；計畫外自然發生的事、意外驚喜、以及嶄新的經驗（就算是很糟糕的），都讓我備感親切。反過來說（應該說理所當然的），我很討厭例行公事。我直到三十幾歲才養成每天晚上洗臉的習慣。準時繳帳單、每天看郵件都令我很痛苦。我也討厭買菜跟洗碗。

我的長處是享受順其自然、獲得新經驗的感覺，但這也讓我難以處理必要、例行、枯燥的事務。當我發現自己是這樣的人，並且了解到我認為的「缺點」其實與我的長處密切相關時，讓我在往後的人生路上，能隨時保持客觀、維持平衡感。

而且我也不會被自己打敗，因為每個我認為的弱點，都附帶一項長處，而每個長處都伴隨一個弱點。所以既然我會因為自己的弱點斥責自己，那麼我應該也要為自己的長處而慶祝。或者，我們可以不要再將所有事情都分好壞，而是順其自然（如水一般），以「平衡流動」為目標邁進。

「自知」就是一種平衡遊戲——在任何時刻都真正理解自己的需求，以度過自己想要的人生。我們需要休息、也需要行動；我們需要獨處、也需要社交；我們需要靠自己，也需要幫助。而我們唯有透過調查自己的真正本性，才能理解我們需要什麼東西。

不妨問自己：你可以發現哪些關於自己的事情？從小事開始，你可以從喜愛的電視節目學到哪些關於自己的事情？你可以從自己營運事業、或與同事互動的方式中，學到自己想成為什麼樣的人嗎？你可以從艱辛的人際關係與遭遇到的衝突中學到東西嗎？這些資訊會告訴你哪些事情，使你在長處與弱點中取得平衡？你必須控制哪些衝動？又必須放鬆哪些控制？

或許你喜愛的電視節目，透露你這個人喜歡大笑，以及以浪漫的角度看人生。因為你喜歡美麗的理想與快樂的結局，但這或許也表示你有點逃避現實。

或許你比別人更無法忍受充滿壓力、負面因素的真實生活情況，因為它們會戳破你的泡沫，把你澈底擊垮。

或許你在現實中其實是個悲觀主義者，因為現實生活沒有任何事情跟你喜歡的電影一樣，又或者是你替自己設下了不可能達成的門檻。

在職場上，或許你做事有條理，跟每個人都處得很好。無論對方的職級高低，你對每個人都一樣尊敬。你的辦公桌總是收得很乾淨，偶爾還會請同事吃東西，人超好的！

現在來看看另一面吧。當別人的行為沒有按照你的期望，你會覺得煩嗎？你是否無法容忍任何種類的雜亂，然後藉此批判別人？你是否發展出一種優越感，因為別人沒有跟你一樣「好」？這種優越感如何影響你的人際關係？你是否因為扮好人而維持著不錯的表面關係，但都沒有深交的好友？你是否覺得毫不掩飾的做自己，就無法被所有人欣賞？做自己會讓你覺得很丟臉嗎？

列個清單吧。你擅長與不擅長什麼事？現在，請你看一遍清單上的項目後，試著寫下可能的長處與弱點。比方說，我很雜亂無章——但這也代表我不必事事完美才能過得好（有些人會因為雜亂而感到不知所措）。

稍微觀察一下，你所認為的長處與弱點，有沒有值得注意的地方。你是否能從資訊中找到線索，引導你更清楚理解自己的全貌？你是否能發現自己的「優缺點」其實是一體兩面？當你完整的接納它們，它們就能在你心中產生平衡，並且使你擺脫「優缺點」這種兩極的觀念。

批評並解析別人的問題，是很容易的事，但若想了解自己，或許需要一輩子的時間。至於為自己的行動與優缺點負責，則又是另一回事。畢竟所有知識，其實都意味著自知。

自我實現的旅程，李小龍從「自助」開始

我們做出上述努力，以深入鑽研如何識別、理解並活出真正的自我，因為沒有那些知識與練習的話，我們就無法朝著完全發揮潛力的方向去成長，也無法找到我們的本質——也就無法像水一樣。

我們怎麼看自己，以及怎麼引導自己的思緒，就是使自己能夠流動的關鍵。李小龍會說：「重點不在於發生什麼事情，而在於你想事情的方式。」如果你的思考方向正確，就能迅速解決你所想的事。就拿李小龍這句名言當例子吧（也是我最喜歡的名言之一）：

> 當我們檢視問題時，應該將重點放在真相。問題與答案從來就不是分開的——問題往往就是答案所在。

我們可以具體想想這句話。一個簡單的代數問題（像是 3 ＋ X ＝ 10），如果去除算式的其他部分，你是解不出 X 的。答案就在問題裡。

假如我們看到數學問題，卻去翻冰箱找答案，那簡直是瘋了。可是我們其實常常這麼

做，尤其喜歡把我們的問題歸咎於別人。我不是說別人都不會阻礙我們，但解答總是在我們手裡。我們只需要以更有創意的角度，來尋找那些隱藏起來的解答。

上班總是遲到？那就將鬧鐘提早十分鐘吧。這不是答案嗎？那就早點睡，這樣早上就不會太累。你的問題比這更嚴重？那就檢查看看你是不是太憂鬱了。喔？我們快找到癥結了嗎？憂鬱的原因是什麼？你需要求助嗎？跟著問題走吧！你可以試試一些選項，但還是要跟著問題走。看看你會注意到什麼事情，讓問題本身來引導你。

李小龍鼓勵我們與問題共處：「你要留意、質疑、尋找、傾聽、理解與開放。」這句話對我們來說還真是挺棒的檢查表。我有留意嗎？我有提出所有疑問嗎？我有找到答案嗎？我有傾聽嗎？我有理解發生了什麼事嗎？我有敞開心胸接受整段經驗嗎？

他會警告我們，不是要努力尋求資訊，而是要「努力尋求理解」，因為「**重點不在於你學到多少事情，而在於你吸收、實踐了多少學到的事情。**」

不管什麼時候，李小龍都會寫下自己的想法，並主動檢視自己的學習過程。他並不是寫傳統的日記，當然也就沒有保存日記的習慣，但他的確會追蹤自己的學習進度，誠實寫下自己的想法、目標、夢想與假設。

他會記下許多句子，再將其寫成信件與短文。關於李小龍怎麼將寫作當成工具，我在第五章會更詳細討論。從他的著作當中，我們可以發現他最重視的事情是什麼，以及什麼事情使他踏上自我實現的道路——也就是他所說的「自助」（self-help）。

李小龍曾在一九七二年寫下一段話，因為他注意到自己天生就非常喜歡提問，而且從年輕時就經常拿以下問題問自己：

勝利之後會迎來什麼？

為什麼人們這麼重視勝利？

什麼是「光榮」？

什麼樣的「勝利」是「光榮」的？

李小龍想起他小時候是個問題兒童，長輩都覺得他很不乖。他說：「我以前非常調皮、好鬥、暴躁、凶猛。不只跟我年紀相近的人不敢招惹我，連大人都受不了我的脾氣。」他不知道自己為什麼這麼好鬥。每次他遇到不喜歡的人，第一個想法就是去挑戰對方。可是要用什麼來挑戰？「我唯一能想到的具體事物，就是我的拳頭。」李小龍說道。

他接著說：「我覺得勝利就是打倒對方，但我卻不了解，用武力獲得的勝利，並非真正的勝利。」他說自己之後在華盛頓大學念書時，有一位導師協助他選課。這位導師注意到李小龍喜歡發問的本性（因為他問了一大堆問題），就建議他選哲學課。導師告訴他：

「哲學會告訴你，人是為了什麼而活。」

李小龍說，有許多朋友與家人都很訝異他念哲學，因為他對武術非常痴迷，以為他上大學之後會主修體育。但李小龍很快就發現哲學與武術之間的關聯。他說：「每個動作都有原因與理由……我希望能將哲學精神融入武術之中，因此我堅持念哲學。」

透過研讀哲學，他開始發現自己之前的方式有哪些錯誤，並且很後悔自己之前對於勝利的錯誤想法——不過，這也多虧他能夠誠實反省自己與行為。

許多年後，他終於領悟到結論：「無論我喜不喜歡，各種局面都會衝著我來，而我本質上是個鬥士，所以第一反應就是反擊。但我很快就領悟到，我的內心不需要抗拒與製造無用的衝突，而是要與這股外力結合，重新調整並充分利用它。」李小龍與問題背後的外力結合，藉此找到了解答，並且更深入理解他自己、以及他最愛的武術。

在你調查、追蹤問題的時候，我鼓勵你利用日記或寫作等工具，審視你的發現並整理你的思緒。別只是用想的，寫下來吧。動手去追尋你喜愛的事物、你好奇的東西、你的實驗、你的構想、你的夢想。

如果你只是在腦中想著，卻沒有透過具體的方式表達出來，那它們就會來得快、去得也快，或只存在於一個模糊的夢想與回憶之中，沒有真正的行動計畫。

就像我一開始經營公司時，我有個試圖實現的構想，但我無法向任何人表達它，因為我沒有真正花時間，考慮或設法將自己的願景、使命與價值觀化為簡潔、可表達的言辭。我的員工會接受我的命令，甚至完全信任我，但他們不知道這艘船開往何處，因為這艘船只是我腦中的想法。這使得我們工作的時候少了一些幹勁。

有時候，將想法轉化為實體文字的舉動，將會成為自我實現的關鍵要素，並且讓我們能夠妥善保管心中的隨興想法與發現，不再遺忘它們。紙（或電腦）可以讓你檢視整個流程，並且看出目前拖累你的問題。它可以當成工作空間、安全網、遊樂場或個人的抒發管道。它可以成為實現目標的關鍵。

李小龍在自己的著作中，沿著發現自我之路設立了清楚的路標，並且大力提倡自助。不過這不表示你必須泡在書店的靈修書籍區（雖然我爸確實主張什麼類型的書都要讀，而他又「專門」讀「心靈雞湯」）。

他的「自助」意指「唯有你才能幫助你自己」。就算向別人求助，你也是在幫自己。無論你是在哪裡遇到「自助」這個詞（讀書、寫日記、尋找導師、接受療法、與信任的朋友聊天、冥想），其實它的意思都很簡單：搜索解答，尋找新發現，學到哪些方法有用或沒用，理解你的長處與弱點。這就是一段「自我賦權」的過程。正如李小龍所說：

透過誠摯的個人經驗以及努力學習，我發現最大的幫助就是「自助」。只有你能幫自己，

▲李小龍在他的書房

別人幫不了你。自助有很多種形式：日常的發現、盡心盡力而問心無愧、不屈不撓的獻身投入，以及領悟到自己沒有極限——因為人生是一段持續進行的過程。

當我們以好奇的角度深入觀察自己，我們就能鼓起勇氣面對恐懼，並準備好將我們的理解力融入自身經驗中。這種邁向新發現的持續探索，將會成為我們揭曉自身潛能的工具，而我們也能因此找到自己的「流向」。

我們要為此感到興奮，並且會驚訝的發現，這段學習與揭曉的過程是永無止盡的——我們的潛力也是如此。

我很確定每天都有我能獲得的啟示與新發現。我不敢說自己達到了多少成就，因為我還在學習，而且學無止境！

李小龍的人生哲學

- 一旦你說自己已經登峰造極，接下來就一定會走下坡。
- 理解自己的恐懼，就是開始真心檢視自己。
- 學習就是發現，發現我們無知的原因；發現我們內心有什麼。
- 弱點與長處有著密不可分的聯繫。你可能認為它們是分開的——你有弱的地方，就一定會有強的地方。
- 重點不在於你學到多少事情，而在於你吸收、實踐了多少學到的事情。

第四章

如果你一定要競爭，那就把自己當對手

水並不會跟它周遭的事物競爭，而是與之共存、共創新事物。
水並沒有想與土地比賽，水是水，土地是土地。
有時水會淹過河岸，有時河岸會改變水的流向。
中庸或放空狀態當中沒有比較與批判，因此也沒有競爭。
人生並不是競爭，而是和周邊的環境共創新局。

注意：請不要把本章提到的「對手」想成「敵人」。這裡的「對手」比較像是「切磋的對象」——也就是跟我們有聯繫的人，對手會給予我們既美妙又艱鉅的挑戰，而我們可藉此成為更好的自己。

劉氏橋段——專注於當下的體驗

在電影《龍爭虎鬥》（*Enter the Dragon*）中，有個場景被我們稱為「劉氏橋段」。李小龍飾演的角色「李」，準備要指導一位名叫「劉」的學生。這位年輕男孩與李小龍相互鞠躬後，這場戲就開始了：

李：踢我啊，踢我！

劉朝著李施展了一記漂亮的側踢。

李阻止了他。

李：你是在幹嘛？表演嗎？我們必須投入情緒。再試一次吧。

劉又踢了一腳，不過這次臉部扭曲了一點，踢得更大力，而且有點偏。李又阻止了他。

李：我是說「投入情緒」，不是發脾氣！現在跟著我再試一次！

劉緊盯著李，接著俐落踢向李的胸膛，然後又踢了一腳。劉一邊踢，李一邊閃開，兩人的動作協調一致。李感到很開心。

李：就是這樣！你感覺如何？

劉：讓我想想……。

正當劉脫離當下的體驗、試圖動腦分析的時候，李用手拍了劉的腦袋，然後告誡他。

李：不要用想的，要用感覺的！就像用手指著月亮。不要專注在你的手指，否則你會錯過天上的月光！你懂了嗎？

劉點頭同意這個建議。他們擺好架勢，準備重新開始。劉深深一鞠躬，眼睛看著地上。李又拍了他的頭。

李：千萬別把目光從對手身上移開，就算你在鞠躬也一樣。

他們四目相對鞠躬後，課程就結束了。

李小龍寫了這場戲，闡述他對於武術的哲學看法，其中包括了這部電影最具代表性的幾句臺詞。這段簡短的對話中，有許多小地方都可以看出李小龍對於各方面的想法——武術、人生，以及如何解析「事物本質」與當下的關聯性。

請注意，當學生一開始踢出超漂亮的一腳時，李小龍說道：「這是在幹嘛？表演嗎？」換句話說，你在踢誰？你為什麼踢？雖然你的姿勢很漂亮，但這跟你我有什麼關聯？跟當下有什麼關聯？目的是什麼？你想表達什麼？這一腳看起來就像在表演，跟目前的局面毫無關聯。

於是李小龍建議：「我們必須投入情緒。」

小伙子又試了一次，但他把「投入情緒」跟「情緒化」搞混了。所以讓自己怒火中燒、面目猙獰，又粗暴的踢了一腳。但李告誡他：「我是說『投入情緒』，不是發脾氣！」

李小龍所謂的「投入情緒」其實是「認真打」的意思——與目前的狀況（故事情節）保持即時且適當的關係，感受當前局面（亦即此刻發生的事情）的能量。而發脾氣並不符合這種師生練習的情況。

李繼續說：「現在跟著我再試一次！」融入當下的情境，踢我吧。把你的目標對準我，放馬過來吧。我在這裡請你踢我，而你的表現要符合這個情況。所以你要把焦點放在我身上、留意我、納入我。換言之，真正試著以當下的狀態去做，然後踢我吧。

於是劉又試一次，這次踢的很專注、有目標。兩人你來我往，像是情投意合的跳著舞。李小龍很開心，對！就是這樣！接著他問劉：「你的感覺如何？」劉摸著下巴，目光離開李，然後開始思考。你可以看見他真的轉頭去重新回想與分析這次體驗。於是李又拍了劉的頭。

「不要用想的，要用感覺的！」不要為了分析這次體驗而從它之中抽離。不要將自己隔離於剛發生的事情之外，不要消失。李的問題不是：「你有什麼想法？」而是問說感覺如何。你現在跟我交手的感覺如何？你能夠維持這種感覺、繼續跟著我，並直接回應現在發生的事嗎？

他接著說：「就像用手指著月亮。不要專注在手指，否則你會錯過天上的月光！」不要只專注在這次體驗的一部分、結果錯過了整個經驗的美妙之處——奧祕尚未被揭曉，你必須更深入的理解。

最後李又吩咐：「千萬別把目光從對手身上移開，就算你在鞠躬也一樣。」就算要告辭了，也千萬不能完全鬆懈、狀況外。處在當下，保持留意。

在上述例子中，兩者的「對手」關係是師生。老師（李小龍）試著讓學生（劉）融入當前的對手與局面。他希望劉能夠感受、感覺、與切磋對象同處於當下，而不是表面的華麗表演，實際上卻敷衍了事。他希望兩人能真正交手。

畢竟，如果比武的人沒有主動與對手建立「關係」，他對於面前發生的事就會毫無準備。換句話說，他會被突襲；他會活在自己的象牙塔裡，而不是讓自己處在當下。他會照著腦中既定的順序或計畫出招，而不是感受對手與局面的即時變化，做出相應的反應。

為什麼比武是一段熱烈的關係？你的對手會試著格擋與反擊你使出的每次攻擊，同時想辦法出招打中你；當他讀到你發出的訊號，就會立即做出反應。他也能感受到你的能量、你的反應時間、你有沒有信心、你的招式是否熟練、你是否與他四目相對、你有什麼攻擊模式。

當對手與你產生聯繫，他也同時在調整自己。他在調整自己的策略、技巧與方法。假如你出招打中他，他就必須評估你是怎麼找到破綻的，反之亦然。這就是在跳舞，這就是在發展一段關係。

聽起來很熟悉嗎？那當然，因為我們每天都在評估彼此，感受能量並藉此調整自己。你跟朋友相約吃午餐，既興奮又愉快的來到餐廳，卻看到朋友的表情悶悶不樂。假如你有留意到，可能就會稍微收起笑容。或許你會問他發生了什麼事，或者試著逗他笑，但基本上，你都是根據自己感受到的氣氛來做出回應。

就算我們是跟陌生人互動（例如收銀員或郵差），假如我們注意到對方行為粗魯，我們心裡就會很惱怒；如果對方很親切，我們就會回他一個友善的微笑。我們無時無刻都處於各種「關係」之中，而我們表現出來的「形象」，就是在反映自己的內心世界。

為了學習與成長，你需要發展與他人的關係。你需要切磋對象，才能精進自己的武藝。以我們現在的目的來說，要記住無論任何時刻，站在你面前的人，就是最能夠幫助你看清自己的人。

無論對方是否有意、或你是否知情，他都會揭露你的痛處、告訴你該如何精進、如何讓你的光芒更燦爛。因為你一直都在反映外在環境，所以環境也會回應你。

你可以學到哪些關於自己的事情？你可以在哪裡發現自己無知的原因？你該怎麼改善自己？而要留意的一點是：你該想著「變好」，而不是「比別人好」！對手關係可不是在競爭。

競爭只會限制你的發展

李小龍並不推崇競爭——這可能聽起來很奇怪。我之前有提過，他只相信真打，因此沒有參加當時的比賽。而他之後又發現，將競爭視為常態的人生，對於個人或心靈成長來說，都不是正確的模式（而且也會限制自己的武術造詣）。

競爭會束縛自己，讓自己專注於「外部」發生的事情。你是想要勝過別人？贏得獎項？還是想提升自己？競爭會把所有人、事、物都區分成贏家與輸家，使大家不再同心協力、共創新局。它會從內部分化我們，並且挑起彼此的爭端。

我們的潛能在競爭下無法完全發揮，因為我們只在乎不計代價求勝，而沒有澈底觀察自己、並充分運用自身經驗來開創新事物。我們可能會為了擊敗對方而耗費數百小時，卻學不到關於自己的資訊。而在這種模式中，我們看到的訊息都是「別人有，但我們沒有的東西」，而不是「我們本來就擁有、而且讓我們能夠真正做自己的東西」。

當我們觀察水，就會發現**水並不會跟它周遭的事物競爭，而是與之共存、共創新事物。**水並沒有想與土地比賽，水是水，土地是土地。有時水會淹過河岸，有時河岸會改變水的流向。中庸或放空狀態當中沒有比較與批判，因此也沒有競爭。人生並不是競爭，而是和周邊的環境共創新局。

我經常跟別人說：「假如你一定要競爭，假如這種模式是你的動力來源（至少現在是如此），那就與自己競爭吧。」推動自己，使自己成長並邁向巔峰吧。

競爭本來就是分輸贏的概念，但假如我們以開放、中庸的態度面對每次經驗，然後完全投入每個當下，就不會有輸贏。只有在我們面前展開的事物，以及我們回應的方式。只要我們越快學到「人生的大方向並沒有輸贏」，我們就能越快告別汲汲營營的生活，活得更單純、活躍。

當然，人們無時無刻都在比較。一個人是否過得「好」，也可能有些外在因素影響，但只有你真正知道自己過得好不好，只有你知道自己的心靈有多滿足，只有你知道自己多年來的心魔是什麼。

因此我建議，直到我們的生命之光永遠熄滅為止，我們應該多放一點心力在自己的學習、轉變與成長，而不是處心積慮勝過別人。任何輸贏都只是一時的，河流不會因為抵達海洋就慶祝勝利、然後決定休息，它會繼續隨著地勢流動。

到頭來，你應該密切關注的人，就是自己。你的人生經驗是什麼？在你找到真正的自己之後，該怎麼改善這個經驗？所以當你站在另一個人面前，一心只想著要勝過對方或追上對方時，請記得，所有的比較都會反映出你的格局正在受到受限。

我活在這世上並不是為了要滿足你的期望，而你活在這世上也不是為了滿足我……假如你對每件事情都給予限制（無論實體或其他限制），久了以後這些限制就會波及你的工作與人生。

其實根本就沒有限制，只有停滯不前。而你千萬不能待在原地，你必須超越自己。

避免較勁的心態，就不會得到這六種病

如果我們想知道自己是否會透過各種形式跟別人較勁，不妨參考李小龍寫的「六種病」，它們全都源自於我們想不計代價取勝的欲望。這些病都是因競爭而起，只要出現這種心態，我們就有可能會犯這些毛病。

假如我們用這種方式跟別人來往，就必須獲取某些形式的外部「認可」，但如此一來，我們就會失去與對方的連結、也與真正的自我失去聯繫。換言之，不再有人際關係、合作與共創；心裡只剩下贏家和輸家。

這六種病分別是：

渴望勝利

我一定要贏，不贏我就是輸家。我贏的話，別人都是輸家。

投機取巧

我要點小聰明，讓你看看我有多厲害。如果大家都知道我有多聰明，誰還在意他們的感受？

渴望炫耀知識

你看，我懂好多東西。任何事情我都可以侃侃而談。別人要說的事情都不重要（不說話更好）。

渴望敵人敬畏

你們要認真看待我的能耐。看清楚了！我會讓你讚嘆我、認可我，哪怕我會做出一些嚇人、失控的事情，引起你的注意。

只想扮演被動的角色

我很好相處。有誰不喜歡我呢？我是如此的低調、討喜。我會拋開對我來說重要的事情，只為了讓你發現我有多討人喜歡。我為你犧牲一切，你怎麼可以不喜歡我？

假裝改善自己的病

我知道自己不好。我會持續改善自己，盡可能多看一些書、多上一些課程讓自己變好，這樣你就知道，我一直都想當好人，即使我不斷做出一大堆蠢事。我知道自己不好，而且你也知道我有自覺，所以只要我看起來有在試著改善自己，就算沒有真的改善也沒關係。

上述每個陷阱全都執著於外部結果，渴望「對手」能夠被自己操弄或震懾，進而敬畏自己。就連「擺脫自己的病」這個看似崇高的渴望，其實也在否定自己的力量。

我告訴你這六種病，是希望你把它們當作自我探索的途徑，因為當我們與另一個人相處、或涉及某種狀況的時候，其實都會犯這些病。

你有認出自己犯了哪些病嗎？如果再深入鑽研一點，是否能找到這個病的癥結所在，以及可以治療的地方？留意自己的處世之道，並且感覺自己的痛處。領悟到這些毛病只是你的心靈與自尊所產生的錯覺。

你抱怨過別人愛批評嗎？其實你這樣也是在批評別人。別人對你不好，你就對他冷淡嗎？其實你的態度也不好。你說某人很八卦？其實你自己就在八卦別人。別人沒有用「正確」的方法愛你，會讓你很生氣——難怪你不怎麼惹人愛。照照鏡子，就知道你讓自己的人生「病」得越來越重，而你卻不去尋找解藥來治癒自己。

這些毛病全是絆腳石。它們會使你故步自封、成長停滯。它們會使你無法親手掌握自己的成功，因為你追求的是別人眼中的勝利與認可。更糟糕的是，它們會讓你無法完全做自己。執著於結果，就是在否定自己的真心。

與人交手的時候，最忌諱去預測結果。你千萬不能去想自己最後是輸是贏。看清楚吧，沒有人在跟你鬥，只不過是幻覺罷了。

人際關係，就是自我的倒影

研究處於人際關係中的自己，並不是要做比較或批判（也就是競爭）。請回想一下「無揀擇覺知」與「放空心靈」。沒有對錯，只有「事物本質」。在讓自己變得「更好」的過程中，我們不必羞辱或打擊自己，也不應該羞辱或怪罪別人、使自己感覺變好。我們只需要觀察、注意、好奇自己的回應會揭曉什麼事情，然後選擇向前邁進的方式。

這個過程理論上很簡單，實際上卻很困難。透過別人的眼光來正視自己，可能會讓你有大夢初醒的不適感，尤其在你不滿意目前的生活時。但人際關係也是一個清楚反射倒影的池子，如果我們敢真正注視它，就能以最敏銳的眼光看清自己。

人際關係是一段自我啟示的過程。人際關係是一面鏡子，讓你發現自己——活著，就是與別人建立關係。

我的摯友，「直覺顧問」東尼．李羅伊（Tony Leroy），每次被別人稱讚的時候都會回答對方：「我是跟你學的啦。」這句話很中聽，更重要的是，它是實話，畢竟與人相處就是雙方之間的能量交換。

如果想了解自己、關注自己的內心，人際關係就是最好的練習場地。這裡的人際關係不只是夥伴、配偶與好友（當然他們都是重要的切磋對象），而是包括我們接觸到的所有人。我們為自己創造出的現實，取決於我們如何從內在回應外在事物，以及如何選擇行動。

所以好的對手要具備什麼條件？一般來說，當一個人準備要與人較量的時候，他會希望對手能給予自己挑戰，也就是實力相當、或者比自己稍微強一點。如果太輕易就能操弄對手並將其擊倒，他就無法審視自己有哪些地方要加強。如果沒有受到挑戰，就無法精進自己。

雖然我們會特別挑選對手來幫助精進自己，但事實上，我們到處都能遇到切磋對象。尤其因為我們常常沒有意識到自己的某些人格面向，所以我們甚至不曉得誰握有對我們有益的資訊。但假如我們抱持足夠的興趣，注意自己的人際關係，並在與別人交流時抱持好奇心，我們就會找到線索，揭曉藏在自己內心的事物。每次相遇都是一次機會，使我們又多理解一點自己的內心世界。

當我們指著別人時，都應該要回頭看看自己，因為站在你對面的人，其實就是你自己。以前我認為某個人是我的好朋友，但他最近對我態度很差，讓我非常火大。我激動的抱怨、批判他既沒品又刻薄。但當我捫心自問時，就會發現自己也很愛批評、很自以為是。

我真正掙扎的地方，並不在於是否原諒他無心（甚或有意）的行為，而是面對自己。我無法原諒走到這步田地的自己。所以每當我感到難過或反應過度時，我會告訴自己：「原諒他人就是原諒我自己。」

當我停止批判他的行為，就等於停止批判我自己的反應——我一定要覺得他錯，我才會覺得好過。假如你需要這樣才覺得好過，那你真的好過嗎？

觀察自己、以及我們的生活，是很重要且有價值的，但我們必須小心「自以為」看到或注意到的事情。

我已經明白：當你受到挑戰時，重點在於你對它的反應是什麼？它又會如何影響你？假如你泰然自若，你就能夠非常輕鬆的應對這項挑戰——感覺就像：今天雖然下大雨，但你深知這不會影響明天太陽的升起。

假如你在講話時，發現對方臉上閃出一絲不耐煩；或者莫名其妙的痛罵你；或者說好要回電話卻不回；或者把你當空氣；或者、或者、或者……你就知道事情不妙了。你的腦海裡會立刻閃現各種故事與解釋，因為你想蒐集證據來支持自己的待人處世之道。「反正他就是看誰都不順眼。」、「他有夠幼稚！」我們失去了虛心、中庸的態度，急忙去解釋他們的行為，使我們變成這段故事的英雄或受害者。你急著將所有動機與罪過加諸於對方，並且找盡各種理由為自己辯護。

你的伴侶今晚不想跟你做愛嗎？那一定是他不喜歡做愛，問題絕對不是出在你本身、你對待伴侶的態度、或你在這段關係中冷落了對方！你昨天傳了三次簡訊給朋友，他卻不回你電話？他一定不在乎你們之間的友情，管他去死！

當我們感覺到受傷時，上述這類故事就會立刻強烈且清晰的浮現在腦海。我們企圖合理化、分析與解釋對方的態度，來支持自己的受害者處境或優越感。畢竟，挑剔別人總比承認自己的痛處還簡單。

李小龍對於這類行為的動機做出以下解讀：

> 大多數人都非常渴望自己能受他人庇護、或是找到一個可以責怪的對象，因為這樣我們就不必為自己的行為負責，可是這些行為卻常常出於我們自己有問題的衝動與意向。

所以我們該怎麼做，才不會在遇到問題時急忙編故事、推卸責任？我們該怎麼評估哪些錯是我們的、哪些又是對方的？首先，你要保持中立。把杯子清空吧！不要編故事，而是看看實際上發生了什麼事？接著，敞開心胸去接受你並不全然理解的可能性。最後，感受它，然後說出來。

如果你永遠都把自己當成學生，並知道如何為了理解自己而進行觀察，那麼這段過程就會簡單一點，因為你已經多少知道自己的故事、傷痛、弱點與長處。但假如你還沒達到那個境界，請花點時間，深入感受你的內心。

這真的是你的問題，還是你把別人的問題當成自己的？或是兩者都有一點點？要如何區分差異？試著保持客觀。不要批判，也不要分對錯，而是要「明辨」。後退幾步觀察，然後問問自己：現在這個情況或故事，有哪些部分曾經發生過？傾聽自己的想法吧！你是在抱怨？還是在批評？你是在把自己塑造成英雄，然後將對方貶為反派嗎？

假如你還是不確定，那就說出口吧。如果對方是你的伴侶，就問他：「你對我還有感覺嗎？你喜歡跟我做愛嗎？」如果對方是朋友，就問他：「你生活上發生了什麼事，讓你一直沒聯絡我？一切都還好吧？」或者乾脆請求他：「如果你能發個簡訊給我，讓我知道你有收到我的訊息，只是你必須晚點再回，那麼我會很感激。」

墨西哥作家魯伊茲的《讓夢想覺醒的四項約定》中，其中兩項約定是「不要做假設」以及「不要把任何事情都當成針對自己」。或許你只是行為太不起眼，沒有被注意到。或許你朋友只是今天過得很不順，跟你無關。如果你不讓自己與對方產生聯繫，你又怎麼知道發生了什麼事？

如果你覺得直接溝通或做出要求會讓你不舒服，那就要多加留心，並且好好觀察。最近我在網路上看到一段話，引起了我的興趣。它說：「如果你不敢要求自己需要的東西，表示你以前有過創傷。」（來源不詳）想想這句話吧。你在人生的哪段時間覺得自己的需求不被重視？為什麼你會這樣覺得？追本溯源，然後解開那個心結吧。

我們之所以會受傷，是因為我們本應為自己的幸福與平靜負責，卻將責任往外推。我們認為自己的心情好壞，是取決於別人與別的事情。我們執著於各種人、事、物，並將他們二分為「吸引我」（我想要）或「不吸引我」（我不想要），如此一來，我們等於把自己內心世界的力量（安全感、信心、知足）完全交給外界掌握。

李小龍曾說：「人之所以會挑戰、怪罪別人，多半是因為他們感到不安，所以想要以鬥爭為工具，達到某個未知的目的。」所以你應該花點時間認清這種不安，然後弄清楚你內心的目的是什麼。

找出你的傷痛吧！你是否把自己的事怪罪在別人身上？當你看到別人的反應，是會先假設他是無辜的、再找出他到底怎麼回事，還是直接就攻擊或冷落他？觀察自己在每段關係中投射出的倒影，並從中學習。只要我們有勇氣走進場內、與對方切磋，我們需要了解的一切事物，其實都在裡頭。

自己的屁股自己擦

當你接受這段關係反映出來的「那個人」，其實一直都是你自己，你就會停止跟對方互相指責，這也表示你能為自己擦屁股。如果要辦到這點，你必須誠實面對自己的處世之道——你讓什麼事情發生了？接受了什麼？又產生了什麼？

前陣子我處於一段藕斷絲連的感情中，而且持續了好幾年。我總是覺得自己不滿足、被輕視，但我還是不斷跟對方復合。他會跟我說他有多麼愛我，還做出了各種承諾，包括我們以後會做什麼、會去哪裡、會怎麼生活。

這些話都很中聽，所以當他言行不一致時，我經常會感到困惑。如果他不是真心的，就不必說他想跟我一起做這些事對吧？他說他愛我，所以他一定只是「不知道怎麼」愛我！那麼我就要更愛他、對他付出更多，藉此展現我的心意……對吧？這樣他就明白了。

我腦海浮現一個主意：假如我能以身作則、先關愛他（而不是直接請求他關愛我），讓他知道我需要這種關愛，他就會用同樣的方式關愛我，進而證明我的價值。假如我不必要求他，他自己就會照我希望的方式關愛我，感覺上就證明了我在他心中是特別的——我正在尋求別人的證明，而不是自己支持與證明自己。是不是有一種似曾相似的感覺？

結果事與願違（或許也不令人意外）：對方嘴巴上雖然這麼說，但還是不關愛我、不出現在我面前，然後我一次又一次的跟他分手。終於有一次我狠下心來，和他永遠分手了。接著我怨恨他貶低我、不把我當一回事。這種心態表示我認為自己是正確的、受傷的一方。但誰才是那個真正貶低、抱怨的人？誰才是那個上演「關愛大戲」的人？

為了真正治癒自己，並且擺脫這種模式，我必須自己負責，因為我默許對方這麼做，而且我沒有為自己挺身而出。原來，那個不珍惜我的人，就是我自己。我沒有關愛自己。對方只是反映我的態度而已。我並不是說他的行為是對的，但我也不是無辜的。

後來我深切的反省自己。經歷過極度憤怒與失望後（這些情緒固然情有可原，卻無法幫助我治癒、成長），我試著深入觀察自己，並認清我是怎麼令自己失望，以及這段關係是怎麼因為我的傷痛與心結而變質。

認清現實固然很辛苦，但也讓我深深感受到自愛、自我價值、感激之情，以及最終學到的教訓，使我不會在另一段感情中重蹈覆轍。自從我負起個人責任，並且治癒這種心病之後，我開始體驗到前所未有的平靜與滿足。我從未感覺自己如此完整過。

但假如我繼續跟對方互相指責、覺得自己拉的屎一定不臭，我就無法達到上述這種境界。而且可以抱怨的事情太多了，相信我吧，我可是抱怨了好一陣子呢。

而這件事也揭曉了一個真相：截至目前為止，我在所有戀情中都重複著同樣的模式——其實就只是同一個故事，換到不同劇場再上演一次而已。我發現這些關係走不下去，因此分手，但我沒有從這些關係中學到教訓，因為我拒絕仔細端詳鏡子裡頭那個罪魁禍首——我自己。

當這種交往模式又重新上演一次之後，我覺得時候到了。我問自己為什麼會發生這種事，深入觀察自己的恐懼與傷痛，最後接受、原諒並昇華自己。

我們經常為自己的錯誤與短處而批評自己或找藉口，並且無法自拔。但正如我上述所說的，這樣做並無法治癒自己、或營造出內心的平靜。犯錯、失敗、向殘酷的現實低頭，都沒什麼好奇怪的。事實上，有時我們還必須經歷過這些事情，才能找到真正的自己。

我從這次經驗中發現，是時候該好好審視那個自以為是、自我中心的自己，審視我的心靈，看看自己內心真正的樣子。也是時候以更加感性的心態，去感受我的人際關係，才能更明白「我與自己之間」的關係。

被擊倒並不可恥。重點在於被擊倒的時候要問自己：「我為什麼會被擊倒？」如果一個人能夠這樣反省，他就還有希望。

借力使力，才能真正深入交流

李小龍即使研創了截拳道，他還是持續進行一種名叫「黐手」（按：音同「吃」）的詠春拳訓練。「黐」就是「黏」的意思。在這種靈敏度的訓練當中，兩位練習者在施展招

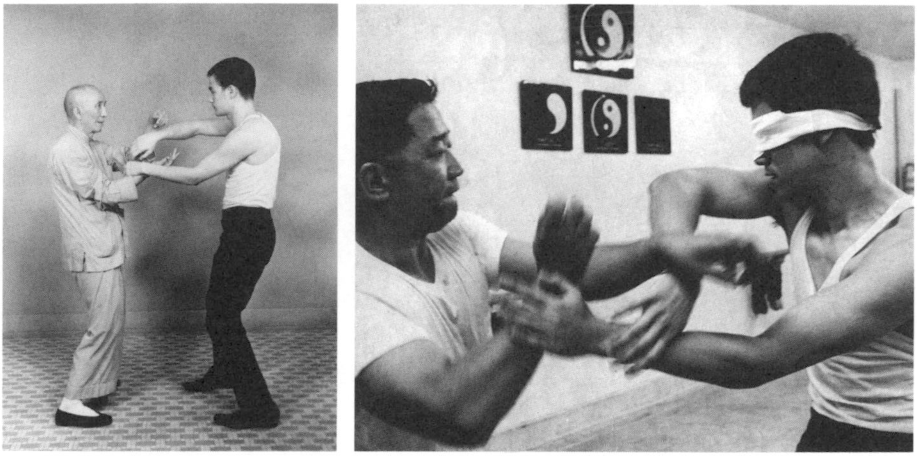

▲與葉問（左圖）練習「黐手」

式時，彼此的前臂會保持接觸。他們會以極高的靈敏度，感受壓力與動能的變化，這樣才能感受到什麼時候是攻擊的機會、什麼時候又必須精準、快速、適當的反擊對手的招式。

這種訓練通常會蒙住眼睛，這樣你就必須全神貫注去感知對手與他的動作。這種訓練的目的，是要培養閃電般的快速反應，以及幾乎讀透對手心思的能力。

在「黐手」中，練習者的兩臂會以畫圈的動作左右擺動，而且絕對不會放鬆前臂、也不會停止動作。他們持續來回交換能量，一直感知對方的招式，再立即熟練的回應。這是真正有聯繫的關係，雙方都全心的交流、接觸、感知彼此，並且推動對方前進。這項訓練需要全神貫注於當下，而如此一來，你也能做好準備，找出對方的破綻，然後趁機行動。

所以當我們遇到考驗你的人或狀況，該怎麼行動呢？我們要全面迴避嗎？或許吧，假如我們對那個人或那件事沒有投入太多，那迴避也無所謂。

但假如我們跟對方有很深的關係，而且他們戳中我們最深的傷痛呢？假如我們的對手跟我們關係密切、用情極深，而我們不想一走了之呢？正如李小龍說的：

人不應該以力量對抗力量，而是要藉由一套對抗招式，接受對方的能量流動，然後借走、進而化解其力量。這就是適應法則。

在武術中，這個「法則」類似「借用對方的攻擊動作創造其破綻，然後趁機行動」的概念。在「黐手」訓練中，你必須敏銳察覺對手的能量，才能感知到機會，並立即回應。

而在面對具有挑戰性情況時，你可以借用這個人或狀況朝你發出的能量，再將其轉化為適當的回應。我這裡說「適當的回應」，是因為這並非像打鬥一樣，需要尋找對方的破綻攻擊。我們找的是能夠「真誠回應切磋對象」的機會。

最後，我們也要讓自己的心胸保持開放，才得以學到關於我們自己、切磋對象或當下狀況的重要資訊。

起初我面對感情的態度，是以力量對抗力量（也就是發飆）。我會刻意計較一些小事，再把自己的傷痛歸咎於他，希望能夠讓他注意我。但這一切反而使他更加抵抗、疏遠我，畢竟，誰想要跟一個愛計較又易怒的人交往？我的全力攻擊都被他的銅牆鐵壁擋下（兩股力量相碰）。

但最後我終於做對了，我「借用」他朝我發出的能量（以力量接納力量），接受這個局面之後，就跟他分手了。因此，水才能繞過障礙物，流向更遠的地方。

這個舉動甚至比之前的選擇更好、更有力量，因為它保留了我的尊嚴與能量，支撐我的心靈，並引導我脫離無解的僵局。我選擇自己照顧自己，而不是試圖找人照顧我。

唯有接受這段感情所反映出的自己，才可能辦得到這件事。唯有誠實且深入的審視自己在這段關係中的表現，才能夠學到教訓、更了解自己。

我轉變、治癒了自己，但不是藉由逃避眼前的局面，而是直接深入、借鑑這個局面，並在過程中找到自己。

我很喜歡以下李小龍說的一段話，因為它深入講述我們所遭遇到的事物，是多麼充分的反映了我們自己。我們無時無刻都在面對這個世界，如果我們知道怎麼觀察它、傾聽自己的內心故事，以及自己對一切事物的反應，我們就會發現自己遭遇到的，正是自己的愛、痛苦、好惡、信念——我們會明白自己面臨到的所有事物，其實都是因自己而起。

世界與我，彼此間存在著積極的相互關係。我看著世界，世界也在看著我。假如沒有外界的事物、沒有內心的想法，我就無法觀察、思考或想像。我無法了解自己，除非我留意到周遭的事物。我無法思考，除非有「東西」浮現在我腦海——而我就是在這段過程中找到自己。

「我」並不存在

活著就是持續與外界聯繫：所以你要走出孤立與武斷所形成的窠臼，直接與外界連結。不要覺得事情「就是這樣」或「就是那樣」。從現在起，開始學著以自己的角度觀察一切事物吧。唯有永遠拋棄「我有別於他人」的錯誤概念（以為自己的命運與整個世界是分開的），你才能悟出人生圓滿之道。

我用「對手」這個詞來貫串本章，談論我們所聯繫的事物，但它真正的意思，其實是「我」與「外界」之間的共生關係。而「我」所發現的「外界」，其實也是我自己，因為世界與我總是處於積極的相互關係中——所以根本就沒有「外界」。就像陰陽的概念，沒有真正的對立，只有互補。

「如果我們堅守自己的本質，那麼所有對立面都是一樣的，就像從中心往外看一個旋轉的圓圈。」李小龍還有另一種說法：「隨著變化而改變，就是不變。」換句話說，當我表現出真實的自我，並選擇跟著世界走而不作對，我們就能隨著變化流動，而不是徒勞的抵抗它。

當我們觀察「對手」的時候，一定要勇於揭曉真實的自我，讓自己被別人看見。只要我們能夠自在的做自己，勇敢表現出脆弱與真誠，頃刻之間，對方也會自在的表現出真實的本性。

如果我們花費心力了解自己，就會逐漸掌握自己的本質，並且將對方的觀點視為互補，而不是譴責。請記得，對立只會隔離我們，並產生錯誤的訊息。而事實上，根本就沒有距離——所有事物都連結在一起，就像流轉的水波。

還記得李小龍划船出遊那個故事的最後一段嗎？一隻鳥飛過去，倒影映在水面上，在那一刻，李小龍終於領悟：當他面對對手的時候，必須感受自己的感覺、思考自己的想法，然後讓它們如同倒影般掠過，而不是執著於它們。

他領悟到：「我面對對手時的想法與情緒，正如飛鳥所投射的倒影。這並非要讓自己沒有情緒或感覺，而是不讓感覺被拘泥、阻礙。」

能夠有自己的感受與想法，同時也讓對方有他們的感受與想法，不是很棒嗎？能夠分享你的感受與想法，而不必為自己找理由或跟別人作對，不是很棒嗎？你們只是相遇、分享，然後告別，雙方都毫髮無傷——或許還為彼此開了眼界。如果這段關係有害，你隨時都可以毫髮無傷的離開，卻依舊保持安全距離，給對方做自己的自由。

所以請花點時間，跟我一起思考以下這種維繫人際關係的可能性：想像一輪明亮的滿月，照耀著一池靜止不動的水。一邊是水，另一邊是月亮。它們相互輝映，也知道彼此都讓對方更燦爛。

水能表現出月亮的明亮，月亮也能表現出水的清澈。

李小龍的人生哲學

- 就像用手指著月亮。不要專注在你的手指，否則你會錯過天上的月光！
- 其實根本就沒有限制，只有停滯不前。而你千萬不能待在原地，你必須超越自己。
- 人際關係是一面鏡子，讓你發現自己——活著，就是與別人建立關係。
- 人之所以會挑戰、怪罪別人，多半是因為他們感到不安，所以想要以鬥爭為工具，達到某個未知的目的。
- 面對對手時的想法與情緒，正如飛鳥所投射的倒影。這並非要讓自己沒有情緒或感覺，而是不讓感覺被拘泥、阻礙。

第五章

靈魂和肌肉一樣，沒操過就不會變壯

我不怕練過一萬種招式的人，

我只怕把一種招式練一萬遍的人。

在本章中，我的建議會開始比較明確一點。例如能夠使用哪些具體的工具，體現並整合我們學到的原則，以及如何把概念轉化成真正的技能？答案其實很簡單：持續練習。

我也希望能教你直接「化為水」的魔法。但正如本章開頭這句名言所說，我們必須練習同一種招式一萬次，直到它習慣成自然。而首先，我們要找出屬於自己的功夫。

「功夫」字面上的意思，就是透過苦功與訓練獲得技能。它本身的確切意思，其實不限於武術，但因為中國武術需要大量的苦功與訓練，才能成為大師，所以過去幾百年來，功夫兩字都被大家與中國武術聯想在一起。

換言之，任何事情都可能練出一身好功夫：數學功夫、帶小孩功夫、演講功夫。你懂了吧？你也可能練成「人生功夫」或「你的功夫」。一個簡單的需求，你付諸實踐，就是功夫。所以你的功夫是什麼？或者說，你想成為什麼樣的人？

如果你想培養自己的潛能、自我實現與流動性，這表示有一部分的你，相信並感覺到寄宿於體內的精神能量（活力），以及它為你帶來的可能性。如果你體內沒有這股驅動力，你也不會讀這本書。有一部分的你，希望自己的人生更豐富。有一部分的你，夢想自己能夠活力十足、快樂、正面影響別人，無論你有多麼恐懼或疑慮。

不管你的個人功夫是什麼，本章將會提供一系列的工具與訓練，擺脫你的舊習慣，點亮你前面的道路。它們將會幫助你系統性的擴展能量（從概念到付諸實踐），這樣你就能創造出專注、活躍的自己——而這樣的自己其實都一直存在著。正如李小龍告訴我們的，邁向成長的第一步就是行動。

李小龍過人的天賦，是職業道德與態度

一九六八年三月二十七日，李小龍揮了五百次右拳，然後再揮了兩百五十次左拳。接著他做了一系列的腹部運動——抬腿、仰臥起坐、側彎各七組。稍後，他補做了一些揮拳的訓練——又是五百次右拳、兩百五十次左拳。接著他騎了兩英里（按：約三．二二公里，一英里約等於一．六一公里）的腳踏車（七分鐘內騎完），然後再揮五百次右拳。

這些訓練結束之後，他還會在晚上七點半與朋友泰德（Ted）、赫伯（Herb）與戴夫（Dave）一起訓練，而前幾天的訓練課表也很類似。我怎麼知道這件事？因為他的每日計畫表有追蹤紀錄。

李小龍會詳細計畫、記錄自己的進度、設定目標，還會為了自己的成長而自創訓練與工具——生理、心理、精神上皆有。如果他需要某種特別的工具，就會自己製作（或者請別人幫他製作）。假如他不確定什麼東西才管用，他就會實驗、追蹤其結果，直到他找到

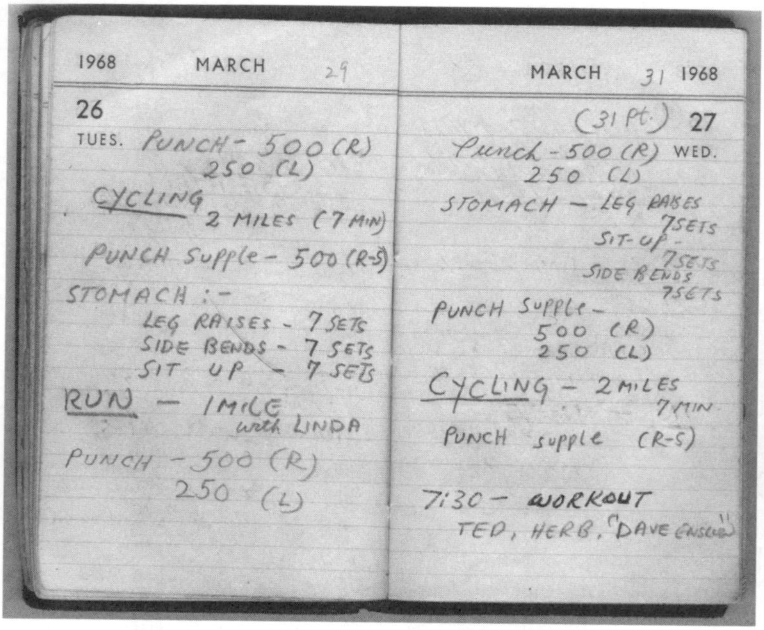

▲李小龍的訓練日記

最佳的進步方式。

他是個創作者、發明家，又兼具藝術家與科學家的特質（還真像是文藝復興時期的人）。

李小龍剛開始在例行武術訓練中加入交叉訓練時，他訓練的項目是舉重。他有個好友叫做艾倫．喬（Allen Joe），是一位專業的健美先生。於是李小龍就去找艾倫，請他傳授一些訓練方式。

李小龍開始實行重量訓練，並得到了一些成果，但他注意到自己雖然變壯了，肌肉卻變得很笨重，拖慢了自己的武術招式。不過，他並沒有完全放棄舉重，而是做了調整。

他知道舉重的好處，只是需要將舉重整合進原本的例行訓練中，協助自己達成終極目標。後來他選擇以減輕重量、增加每組次數的方式，接著進行「等長訓練」（isometric training，讓肌肉盡快收縮），直到他的例行訓練得到自己想要的結果——強壯、精瘦的身體，就像獵豹一般，能夠即刻做出反應。

但我先把話講清楚，李小龍並不是注定、或一開始就被看好能夠成就不凡的。沒錯，他的生理很協調，而且天生就很有衝勁，可是他也有嚴重的近視，身高不高（一百七十公分），小時候身體瘦弱。他還有長短腳，而且因為視力與其他生理缺陷，被軍方判定免役。而在他年少時期，也因為壞脾氣而慘遭退學，甚至還差點去混幫派、坐牢。

但李小龍之所以能成就不凡，是因為他為了成就不凡而持續努力。沒錯，他有些不錯的天賦，但沒有下苦功的話，就不可能成為全球指標性人物。

我提出這件事，是因為有時候大家會以為李小龍就是天賦異稟，也就是他某方面的能力超乎常人。好吧，這樣說也沒錯，因為他其中一項過人天賦，就是他的職業道德與態度——而這絕對是可以培養的！

我聽過好幾個故事，說李小龍整天都在訓練、伸展、寫作、閱讀、授課、工作。於是我問我媽，他有沒有閒下來的時候？結果我媽的回答把我嚇傻了：「沒有。」就算他正在看書或是看電視上的拳擊比賽，他還是會做個伸展、動一下身體之類的。如果有樓梯可以走，他絕對不搭電梯。如果非等電梯不可，他就會在等的時候做伏地挺身。對，這就是我老爸李小龍！

你可以說他衝勁十足、熱情洋溢或走火入魔，或者他感覺到自己時日無多。隨便你怎麼說，不過他確實感覺到內心有一把火，更重要的是，他很認真看待它。

他不只是注意這把火，還創造了實際的方法讓它燒得更旺。他不想因為缺乏想像力或努力，而在追求實現潛能與夢想的途中停下腳步。「光有知識是不夠的，你得學以致用；光有決心也不夠，你得付諸行動。」他說道。

所以，如果李小龍天生就是超人，那他的「超人」之處就是那股超越凡人的衝勁。如果你覺得衝勁無法培養，那你錯了，你絕對可以做到。但這需要努力，這需要持續練習。

之前提過，本章會介紹李小龍用來訓練自己身心的工具。只要參考一下這些工具，你就能夠理解他的訓練流程。如果他採用的系統性方法，可以幫助你培養自己與衝勁，相信你也能想出專屬於自己的訓練方式。

以下內容絕對不是一份鉅細靡遺的清單。而本章討論的工具是以實用為目的；至於跟「存在」有關的大道理，我之後再談（詳見第七章）。你真正必須知道的是：如果你不想改變、不想花費心力找到自己的路，那麼這些工具就沒有用。你可以選擇是否採用這些工具，而路你也必須自己走。

工具一：瞄準目標，搞清楚自己想做什麼

一九六九年，李小龍寫了一封信，標題是〈我的目標〉。他在一張紙上寫著：

我，李小龍，將會成為第一個美國片酬最高的東方超級巨星。作為回報，我將以自己身為演員的能力，給予觀眾最刺激、最高品質的表演。一九七〇年開始，我會名揚世界，此後直到一九八〇年年底，我將擁有一千萬美元的財產。我將過著自己喜歡的生活，並達到內心的和諧與快樂。

他在這封信底下簽了名，並寫下日期：一九六九年一月——這個目標設定之舉可是很認真的。當然，他在賺到一千萬美元之前就去世了，而且一九七三年才名揚世界。不過他在一九七〇年就開始朝這個目標努力，而且得到了豐碩的成果——在香港拍了第一部自己的電影《唐山大兄》。

你有「遠大」的目標或夢想嗎？沒有也沒關係，我也沒有。假如我有的話，應該會像是「讓世界變得更好」之類很模糊的答案。但我有許多具體的小目標，或許有一天它們會

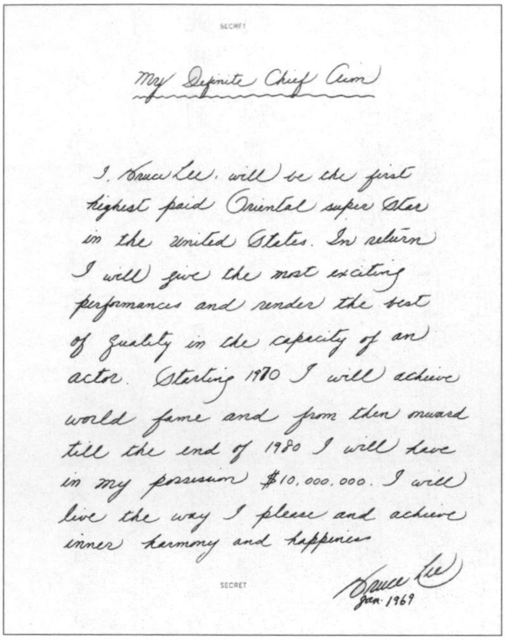
SECRET

My Definite Chief Aim

I, Bruce Lee, will be the first highest paid Oriental super Star in the United States. In return I will give the most exciting performances and render the best of quality in the capacity of an actor. Starting 1970 I will achieve world fame and from then onward till the end of 1980 I will have in my possession $10,000,000. I will live the way I please and achieve inner harmony and happiness

SECRET

Bruce Lee
Jan. 1969

▲李小龍〈我的目標〉手稿

累積成終極的大目標，而如果你真的有遠大的志向或夢想，那就清楚寫下來，然後替它「充能」。

「充能」是什麼意思？在《祕密》（*The Secret*）這類談論「吸引力法則」的書籍，會一直要你相信自己的目標，猶如它現在就會實現一樣。但這很難辦到，因為一般人都很務實，有一部分人或許不相信這件事，並且很難接受它的邏輯，結果吸引力法則就好像騙局一樣。

我會建議你為自己的目標「充能」，這樣你每次想到它的時候，都會重新興奮起來。這個目標應該要使你更主動積極。它應該要讓你的心跳稍微變快，或激發你的想像力。所以你每次重新想起它時，也請重燃你對它的熱情，在夢想中欣喜萬分吧。然後請利用這種重燃熱情的感覺，在你邁向目標（夢想）的途中為自己充能。換句話說，就是活在「可能性」與「終極目標所帶給你的感受」之中。

這種遠大的目標，應該要能讓你清楚感受到。假如這個目標不明確，你就很難朝它的方向去努力，當然也就很難達成它。別拘泥於你達成目標的方法（亦即每一步都計算得很清楚），這樣反而會使你找不到自己想走的路，因為一路上你的步伐都會改變。

與其拘泥於方法夠不夠精準，還不如專注於最終願景的清晰度與能量，並敞開心胸接受所有可能性：隨著旅途展開，你的道路可能會有未知的波折。雖然目標可能會稍微改變，但它的清晰度與能量依舊不變。

在李小龍寫下他確切的主要目標之前，就已經非常清楚自己想達到什麼成就。一九六二年，當他二十一歲時，寫了一封很有見地的長信，給他在香港的世交——曹敏兒。

李小龍在美國待了幾年之後，發現日本的武術（像是空手道、柔道）在美國很普遍，但中國功夫就沒有。這讓他領悟到，這是個分享他所愛之武術與文化的大好機會，於是他在這封寫給曹敏兒的信中，為自己的人生軌跡設定了願景——成為功夫老師。

我的目標是在美國設立第一家功夫學院，之後會在全美國設立分校（我預計在十到十五年之間完成這項計畫）。我做這件事的理由，不只是為了賺錢而已。動機有很多，其中包括：我想讓世界知道中國武術的偉大、我喜歡教導與幫助別人、我希望家人過著富裕的生活、我喜歡開創新事物，最後但也最重要的，是因為功夫就是我的一部分。

……現在，我能夠將自己的想法投射到未來。我可以向前看。我有夢想（謹記，踏實的夢想家絕不放棄）。雖然現在我只有一個位於地下室的小空間，但一旦我的想像力泉湧於腦海，我就可以在心中的畫布上，描繪出一棟五、六層樓高的功夫學院，而且在全美國都有分校。我不會輕易氣餒，因為我心中早已想像著自己克服障礙、勝過挫折、達到「不可能」的目標。

讓我們稍停一下，欣賞李小龍如此清晰的目標。他說出自己想做什麼，以及為什麼想做這件事；他說這件事滋養他的靈魂並引起共鳴；而且他還為自己的目標設定了明確的時間軸，卻也承認了前方的道路有多難走。真是既美好又清晰的目標！

目標的清晰度很重要，不只是因為它幫助我們更堅決的照著行動計畫前進，也是因為當阻礙來臨時（它們一定會來），你會需要精神目標的強度與清晰度，避免自己在遭遇到的困境中迷失、或是被想法不同的周遭人士「好心」規勸。清晰度將會幫助你持續瞄準目標。

如果你願意花費心力真正了解自己，那麼關於「你是誰」的詳盡知識，將會幫助你保持理智，而就像李小龍常說的：這會「從你的根本開始運作」。只要培養這種明確的核心價值，你就會產生安全、踏實與自信的感覺——尤其是當事情變得很棘手、你想改變現狀或邁向下個層級時。

只要知道你是誰、你想要什麼以及你愛什麼，這些知識都會忠實的為你效力。因此，擁有明確的目標與夢想，就能設定一條清楚的軌跡，使你不會輕易卻步。

有時候搞清楚目標就等於成功了一半。假如你的夢想無法用心感覺到、或者用你的心靈之眼看到，那它或許就不是你的夢想，而是別人想要你達成的。你的夢想應該要挑逗你、使你興奮才對。它應該要值得你歷經千辛萬苦與各種掙扎去實現，因為那是你真正想要的。

工具二：採取行動，起步、練習、實驗

李小龍的辦公室牆上一直掛著一張海報。他過世之後，這張海報被我的哥哥拿去掛在他房間，而現在則掛在我的辦公室牆上。我每次看到它都會笑。

這張海報非常有一九七〇年代的風格，上頭畫著兩隻禿鷹，坐在一棵枯樹的樹枝上，眺望一片荒漠景致。地上有一副牛骨頭，方圓數英里內都沒有活的動物。其中一隻禿鷹轉

▲掛在李小龍辦公室牆上的禿鷹海報

頭對另一隻說道：「耐心個屁！我要開殺啦！」

這張海報還真像我爸的作風。雖然他相信耐心、斯文與禮讓的重要性（我很快就會講到），但他也不是會原地踏步或浪費時間的人。他會盡其所能，朝著自己展開的道路前進。

假如需要採取額外的手段，那他就會去做。假如他採取的行動不管用，他也不會花太多時間去「碰壁」，或是繼續做沒用的事情。他心想，如果你能夠親自實現一件事，又何必被動等它發生（而且還有可能等不到）？你如果不試，又怎麼知道你是否能實現它？

李小龍的傑出之處，在於他是個真正的行動派。但這不表示他沒有夢想。事實上，他的夢想很遠大，而且他也拚了命去實現。他也有一句名言：「當個務實的夢想家，並以行動支持自己。」

我們不要對「務實」這個詞太鑽牛角尖。這裡的「務實」是指你相信夢想可能實現。而對李小龍來說，在一九七〇年代那個充滿歧視的好萊塢，以中國人之姿成為真正重量級的電影男主角，也是個「務實」的夢想。

當我們有著無法實現的夢想與目標，我們就會停滯不前。但我們的大腦永遠不會停止思考，我們的身體也永遠不會停止感知，這就會導致我們充滿無能為力的想法與感受——於是行動就癱瘓了。

當我們的行動癱瘓，就會開始蒐集大量的證據，證明自己無力、或不配實現這些夢想，於是我們便開始放棄它們。

反之，當我們採取行動（就算只是一小步，例如將目標寫在紙上，然後跨出第一步），我們就是開始在目標周圍收集能量。行動會產生更多行動——就像牛頓的慣性定律一樣。「物體靜者恆靜，動者恆動。」你要成為那個動者恆動的物體。

一旦我們知道自己想追求一個目標、或培養一個習慣，我們就要完全投身於自己選擇的行動。我們該怎麼做？一開始，我們可以藉由第一個工具——瞄準目標，搞清楚自己想做什麼。

假如我們不是那麼清楚目標在哪裡，則可以從小行動開始（就像嬰兒學步一樣），邁向我們想要的「小東西」，這樣最後就能弄清楚大方向。

你想為自己的人生幹點大事，卻連自己的公寓都無法保持整潔嗎？那就先從打掃公寓開始吧。接下來又是什麼東西擋了你的路？去面對它吧。無論看似多麼愚蠢或無關緊要，你都要處理那個困擾著你的東西。建立你的自信，這樣你才能照料自己的事情、或解決自己的問題。

我們需要做的，就是起步、練習、實驗。學習嘗試新事物，而且抱持開放的態度——態度就是一切。

李小龍說過：「如果你覺得一件事情不可能辦到，那一定是你讓它不可能辦到的。」負面的態度會拖累你，並妨礙你成功。

當你願意嘗試新事物，並從實驗得到結果，你就可以靈活改變自己的路線。畢竟，專注於當下的旅途，就表示我們足夠留心，且知道某個方向是不管用的。

但假如我們沒有專注於當下並保持觀察，就會產生各種負面態度，這會使我們在路途上一直感到困惑與混亂。當我們沒有搞清楚方向就行動、沒有專注於當下，我們就無法從自己選擇的行動中獲得力量與自信，也就無法藉此受益了。

有時採取行動最困難的部分，就是踏出第一步。「想要做」跟「真的去做」是不同的。有時你需要一些意志力才能離開沙發，有時行動癱瘓的情況太嚴重，就算你超級想練身體，但你就是提不起勁走去健身房。

我會在之後（第六章）談到意志力，但我們先來思考一下：對於目標的過度執著，會怎麼令我們失敗？如果我們沒達成目標，它們對我們又有什麼意義？完全不嘗試，似乎比嘗試後失敗還輕鬆一點。假如一開始就不嘗試，也就不會因為失敗而感到屈辱，對吧？可惜的是，你還是要每天面對自己與自己的內心。

「卡住」的地方會令你感覺很糟。所以不妨讓我說明幾件事，激勵你採取行動、邁向心中的夢想。正如李小龍所說的：「嘗試做大事，就算失敗也很光榮。」

在本章的第一個工具中，我說過要持續利用遠大目標的能量，無論你在何時陷入困境，都要用這股能量重燃你的熱情。這非常有助於激勵自己行動。而在第二章當中，我說過要清空你的杯子，並且保持中立。如果事情沒有對錯或批判，就不需要打擊自己，因為沒有輸贏。

當你注意到自己不知道想做什麼時，你只要給自己稍微打打氣，然後重新開始，因為過去的就過去了，每一刻都可以是重新整頓與開始的時間。請記住，練習不一定能使我們完美，但它會使我們更好。所以不要再執著於結果了，你只要致力走好自己的路。當你跌倒了，就爬起來繼續走吧。

「行動就是建立自信的最佳途徑。」李小龍說道。採取一個小行動，讓這個行動替你建立信心，再讓這股信心產生能量，能量又會激發更多行動——積雪融化之後，就會形成一條奔騰的河流。

工具三：肯定句，李小龍把這七段話寫在本子裡

「肯定句」是一種正面的話語，只要你每天反覆對著自己說，它就會烙印在你的腦海。而李小龍也把肯定句當作修行的一部分。他寫下了七段肯定句，希望能夠在生活當中，為自己的精神、情緒狀態培養出一種生態系統。

他把這七段話寫在記事本和護貝的記事卡片上，這樣他就可以偶爾拿出來參考。以下就是他的七段肯定句：

記憶

保持警惕的心，與審視自己的過往非常重要，我會提醒自己不讓想法變得僵化，在所

有根據過去經驗回想起來的想法中，明確表現出警惕之心，並且將這些想法，與我經常想起來的相關主題聯想在一起。

潛意識

為了重新整頓潛意識對意志力的影響，我應該要賦予它清楚、明確的主要目標想像圖，所有次要目標都是為了達成主要目標。我會每天都對潛意識灌輸這張想像圖，讓它永遠忘不了！

想像力

我需要務實的計畫與想法，才能實現我的渴望，因此我會練習自己的想像能力，每天都喚起它來幫助我制定計畫。

情緒

我體認到自己的情緒有正面也有負面，因此我會養成習慣，鼓勵自己發展正面情緒，並且幫助我將負面心態轉變為有用的行動。

理智

我體認到若沒有達成渴望的結果，我的情緒可能會出現狀況。所以我會將我的渴望、目標與意向交付給理智，而我在表達渴望、目標與意向時，將受到理智引導。

良知

我體認到自己的情緒經常因為過度熱情而犯錯，而我的理智經常缺乏同情，而同情心能夠使我在批判別人時，結合正義與寬容。我會鼓勵自己的良知，指引我什麼是對與錯，但無論要付出多少代價，我都絕不會無視良知的判斷。

意志力

意志力是我心靈中的最高法院。每天當我必須督促自己為了任何目標而行動時，都會使用到意志力。而我會養成習慣，每天至少一次，將意志力灌輸到行動中。

沒錯，李小龍這位看似世界上最有自信的男人，會直接且刻意的調整其精神與情緒狀態。或許這就是他如此有自信的原因吧！**他不只鍛鍊自己的身體，也鍛鍊意志力、情緒、以及心智的所有面向。**他全心相信自我暗示與正向框架的力量。他相信**樂觀主義是一種信**

念，必須在心中刻意練習與培養。

有些人覺得這類的肯定句很彆扭。肯定句可能感覺有點廉價或不切實際，或者像是在騙自己，因為你正在懷疑這些對自己說的事情並不是真的（無論你多麼希望它是真的）。

但肯定句（我甚至敢說大部分事情）當中最有效的要素，就是你執行它們的時候所抱持的念頭。別因為肯定句現在沒有成真而懷疑它們，而是要試著用不同的角度去表達：它們只是「還沒」成真而已。

有了肯定句，你就會在潛意識或無意識中種下種子，而隨著你持續肯定它們，種子就會生根，長進你的意識之中。畢竟真正驅動你的人格與行動的，就是潛意識。所以我們要暗示自己的潛意識，讓它長出新的想法，引導你往正確的方向邁進。

我曾和賓尼・尤奎德茲（Benny Urquidez，綽號「噴射機」）一起訓練。他是一位實力堅強的全接觸踢拳道（full-contact kickboxing）格鬥家，生涯未嘗敗績，並且在各量級共贏得六次世界冠軍（這只是他眾多成就的其中一個面向而已）。

當我們一起訓練的時候，他請我施展一些踢腿或招式，結果我失敗了。我告訴他：「我不會。」他立刻停下來，用尖銳的眼神看著我說道：「你只是『還』不會而已！」每次我表現出抱怨與挫折時，他就會不厭其煩的說這句話。這就是正向框架，而且它非常堅定。假如你持續學習，總有一天就能學會運用它。

另一個從肯定句獲取力量的方式，就是將它們寫下來，而且要寫得像是你正在進行中，這樣感覺就比較可能辦到，也更符合你現在的處境。所以與其寫「我既強壯又健康」，不如寫成「我每天都努力讓自己既強壯又健康」。這樣你既能肯定自己想要的事物，又能感受到它與你真正連結著。

親自試試看，看它對你是否有效。定期找時間寫下你的目標，留意你想要肯定的想法，是否已經主動且頻繁的浮現在你的腦海中。留意這些肯定句是否能幫助你修改「你試圖改變的行為」、「你對於日常生活的感受」或「你的人生觀」。你覺得自己心情變好了嗎？更常笑了？或是更有活力？仔細留意吧。這些細微的改變，都意味著肯定句是有效的。

假如某個特定的肯定句，並沒有真正幫到你，或是你隨著時間經過，感到它與你越來越不相關，那就捨棄它，試試別的句子。要是你試過之後，發現這種工具不適合你，那就先將它放在一旁吧。等你將來處境不同後，或許會回頭來找它，屆時你就知道它是否能引起你的共鳴。

有好幾次我在嘗試新事物時都是到一半就中斷，而當我準備好接受它之後，就會重新再試一次。比方說，有好幾年我都很討厭跑步，甚至可說是鄙視它。後來在三十幾歲時，我又再度嘗試跑步，而且突然發現我在跑步時能夠抓到很棒的冥想節奏，於是它就成了我最愛的運動之一。

有人用走的都比我用跑的還快，但那又怎樣？現在跑步成了對我很有用的工具。所以就算你目前用不上肯定句，也請把它們收在工具包。或許有一天它們會派上用場。

工具四：製作象徵性物品，當作對自己的承諾

一九九九年，我哥哥李國豪被誤殺的六年後（按：一九九三年三月三十一日，李國豪在拍攝電影《龍族戰神》（*The Crow*）時，於北卡羅萊納州一處電影片場的槍戰戲裡被槍打中而意外身亡），我在車庫前的人行道上，看到了一隻死掉的紅蜻蜓。牠雙翼張開，身體完好無缺，似乎是被帶到了彼岸，安詳的過世了。

當時我認識一位女巫醫，名叫莎拉．尤奎德茲（Sara Urquidez），她是我的踢拳道老師——「噴射機」賓尼的妻子。她告訴我，在全世界許多文化中，蜻蜓都象徵著改變與重生。當時我認為牠絕對是大自然帶給我的訊息：我應該放下哥哥在片場過世後，沉浸了好幾年的傷痛，然後繼續往前走。無論你信不信，這對我的人生來說，就是在正確時機出現的正確訊息。

將近十年後，我決定選幾個人生當中較重要的象徵物，設計成一個刺青。而蜻蜓就是

其中一個。這些象徵物聚集在我的身體上，我藉由它來紀念人生當中，一些關於愛與理解的重大時刻。

我刺這個刺青時（第一個，也是目前唯一的一個），已經快四十歲了。我不是要推薦你立刻出門刺青（這不一定適合所有人），但對我來說，刺青是一種象徵性的方法，能夠使我找回自己，找回曾經形塑我、治癒我的重大時刻。

李小龍沒有刺青，但他也相信象徵作用。他會在人生的重大時刻，利用象徵物為自己的旅程設置路標。他採用的方法是圖像誌——也就是用圖像與符號表示他經歷的過程。還記得他製作的那個迷你墓碑嗎？他用「紀念一位曾被狗屁倒灶的傳統，填滿與扭曲的流動之人。」這句話，提醒昨日的李小龍應該死去，並且重生為流動力、表現力更強的李小龍。

在李小龍人生的關鍵時刻，還製作了其他象徵物，具體的提醒他要成長與發展新觀點。例如他製作了一系列的匾額，並將其稱為「養成階段」，代表他的成長之路，而我之後會詳談這部分（詳見第二二九頁）。

他也為截拳道製作了圖騰，並打造一條金色垂飾，每天都戴著它，此外還有各種匾額、文具、卡片、證書等。他還做了一個卡片架，上頭的卡片寫著「往前走！」（Walk on!）這個鼓舞人心的字詞，鼓勵自己持續向前邁進。

有時候你會輕易獲得啟示，卻忘記要將它融入你的人生。腦中突然靈光一閃的念頭，會帶給你非常好的感覺——雖然你可能常常經歷這種時刻，但這不表示你有好好利用、貫徹它們，並主動與它們共處。

只要為你的啟示製作一個實體表現的象徵物，你就是在立下協議或聲明，每次你看到這個象徵物，就會提醒自己要不斷進步。這就像戴著婚戒象徵對伴侶的承諾，你承認自己做了承諾，要為自己找到新的路。

為了主動鼓勵自己與回憶往事，你立下紀念碑，這樣就能夠一再回頭造訪它，藉此想起你已經決定要做到的事物，進而持續振奮自己。

如果你不喜歡製作象徵物，那你可以試試暫時性的提醒句，不必真的在院子裡建紀念碑、找人刺青或設計珠寶。幾年前我有一陣子會在家裡的經常經過的地方（浴室鏡子上、廚房裡、床邊）貼上便利貼，上面只寫了一個字：「在」（Be）。這是用來提醒我要盡可能回到當下，不要自顧自的胡思亂想。它就像一顆重設按鈕，帶我回到當下，通常接下來我就會感到平靜與清晰。

你也可以試著創造儀式。**儀式是一種實體方法，讓自己從一種狀態、模式過渡到另一種**。世上已經存在著各種儀式（火祭儀式、獻花儀式、清潔儀式等），而你可以創造屬於自己的儀式。

儀式的目標是為了要與你產生共鳴，所以無論你是自創、還是聽從別人的建議都可以，只要它對你有意義就好。我曾經為了放下一段逝去的感情，把相關的東西都燒掉，或是將不適合自己的生活模式寫在紙上燒掉，這些都是我的「燒毀儀式」。

只要你覺得某件事能夠幫助你達到所希望的轉變，那就去做！用你所知最好的方式鼓勵自己，而且要有趣、美妙或特別，這樣你對前方的旅途，就會產生正向、具體的聯想。

工具五：寫日記，並且大聲唸出來

在第三章中，我有談到李小龍的一些寫作修行。他經常寫作，而且有許多不同的形式。謝天謝地，他假如沒有做這些事的話，我們就無法如此深刻且清楚的理解他的心路歷程，也就不知道他覺得什麼事情重要、他克服過什麼難關、他在精神層面上是怎麼樣的人。

當我在國中第一次寫日記時，多半都只是寫一些八卦。我會寫我喜歡誰、誰很煩、或我做的某件事為什麼這麼蠢，但幾乎沒有關於希望與夢想的資訊，也沒有實驗。

我幾乎只是記錄自己的心情與問題而已。我不是說這樣有錯，但還記得嗎？我們越在意某件事，那件事就越根深蒂固。這或許能解釋我為什麼花了這麼久的時間，才不再覺得自己很淒慘。

李小龍的著作有一個有趣之處，就是沒有長篇大論的激烈言辭。我不是說李小龍從來不寫煩心的事情，但他只會照著事實寫下來、再從中領悟自己的意向。最後他會寫下對自己以及人生的期望，而不只是抱怨當下這件事是「錯」的。

比方說，他在香港走紅之後，開始真正發現到成名的負面效應。有些人為了尋求管道與幫助，就跟他裝熟；名人被捧上天，一般人卻被貶得一文不值。於是他寫信給朋友，談論這些隨著成名而來的事情，而這些見解使他知道自己接下來該怎麼行動。

他尋求協助與慰藉的對象，是值得信賴的老友，而不是信口開河的「假」朋友。他一直覺得自己只是暫時搬到香港，而成名之後的領悟，更令他肯定自己的選擇——盡快搬回洛杉磯，這樣他的生活就會比在香港更有隱私。不幸的是，這件事成真之前，他就過世了。

一本日記、幾張活頁紙，或許就是你發現自我的地方。就我看來，親手寫下你的重要想法、概念與歷程，是很有力量的。但假如你喜歡用電腦打字，那我建議你寫好歸檔之前，要大聲唸出來。這樣能夠協助你與文字產生有意義的連結。但無論如何，我都鼓勵你用最支持自己（正向）的方式來寫。

利用這個時機，詳細闡述你的正面想法——你想要什麼、珍惜什麼、相信什麼、希望什麼？你正在學習、發現與夢想什麼？花心思去理解什麼事情對你來說是重要的，並為自己創造願景。

試著問自己問題，然後回答。我曾經在夢想中尋找線索；我曾經列舉並闡述我的價值觀；我曾經在紙上沉思宇宙的本質。

李小龍為了一篇散文〈我自己的心路歷程〉（*In My Own Process*）寫了許多草稿，詳述他覺得重要的事情。而假如你想不到該從哪裡開始，我相信市面上有許多書籍與網站都可以幫助你起步。

有時幫自己的大腦倒垃圾還滿有用的。當你被許多不快的想法困擾，發洩在紙上也很有幫助。所以盡情發洩吧，但發洩完就把這張紙扔了。看你要燒掉還是撕碎都可以，總之就別再留著它、在意它。

你或許會覺得自己必須留著它，才能知道「你至今進步了多少」。但假如真的有進步，你就不需要它了，因為你會清楚感覺到差異——更平靜、更集中、更理智。你不必為了鼓勵現在的自己而重溫往事。放下，然後向前走吧！

你可以用正面的角度追蹤你的進步。你可以記下考驗自己耐心的事情，但不必帶情緒。李小龍曾經說過（而我再說一次）：「**專注於你想要的東西，不要的就別理它。**」追蹤你的實驗，並記下你的發現。你可以在日記寫下調查結果、夢想、見解、創意與目標，但不要留著一堆對你沒用的廢物。扔掉它們。

工具六：活動身體

李小龍是一位武術家，而武術就是他的身體修行。每個人都需要身體訓練，但這並不是要你成為運動員或瘋狂瘦身，而是要讓你與自己的身體產生聯繫，並讓這副使精神成長的器具維持強壯。畢竟身、心、靈三巨頭，需要互相搭配才能更強大。

身體修行的藝術，是刻意且確實的讓自己處於不平衡，以體驗一些不安的感受，這樣你才會克服它，進而成長。李小龍說過：「處於平衡，或多或少就是在休息。而行動，就是讓自己不平衡的藝術與方法，讓自己持續前進、學習與成長。」

當然，運動是有各種附帶好處的：例如分泌腦內啡、讓身體更強壯靈活、以及增加自信等。儘管本書是關於一位武術家，但這裡的重點並不是他怎麼訓練。

我們感興趣的，是肉體修行如何幫助你更加了解自己。你的身體會提供資訊給你。它是一個情報系統，充滿了各種的網絡與交錯的訊號，當你移動它時，請深入感受它，並傾聽它對你說的話。就算你只是散步、在電視前面做伸展、放音樂跳舞，或是進行以身體為主的冥想、藉此放鬆緊張的部位（一次一個部位），你都會得到一些見解、一些關於自己身體的資訊。

訓練身體的目的，是為了讓自己能以安全的方式體驗各種事物。稍微劇烈的運動一下，你就能夠體驗如何「練習」面對不安、「計算」痛苦，並學會適應它們。你可以用你的身體，將自己的內心逼到極限。你可以學到什麼事情是在幫助你，而不是對抗你。這可是無價的個人探索工具。

你的身體是什麼樣子？它需要什麼？注意你感到疼痛的地方，它試圖告訴你什麼事？只要認識你的身體與其感受，當你的內心出狀況，你就會立刻察覺。這樣做將會強化並微調你的直覺，讓你能夠更了解自己。只要照著身體的吩咐做調整，你就比較能夠維持自己的健康。

正如我以武術為例來說明哲學觀念，活動身體與推動精神成長是有直接相關的。還記得嗎？李小龍說他學到的所有人生哲理，都是透過武術修行學會的。

而我在此要稍微推薦一下練武，就算只練點皮毛也行。任何武術訓練、氣功、防身術等相關課程，都會強化你的內在與自信。這我可是有親身經驗的。所以不妨動動你的身體，然後看看會浮現什麼想法、解答、關係、障礙、情緒與啟示。

請以「與身體溝通」為準則，為自己想像並創造一種肉體修行。像李小龍一樣努力鍛鍊吧，或者你也可以靜態一點，像我一樣，例如跳舞、伸展、散步、跑步與健行。無論你做什麼，都要問身體想要與需要什麼；稍微逼自己一點，才能建立你對不舒適的容忍度。

而最後你會驚訝的發現，這會帶來非常多的智慧與成長。

肌肉沒被操過就不會變壯，靈魂也一樣

在你跨出舒適圈、將目標與夢想付諸實現的過程中，你將會面對恐懼與自我懷疑。而付諸行動並達成目標的人，與未能實現夢想的人，差別在於前者行動時，會和恐懼、自我懷疑與不安「共處」。

這些工具不是用來讓人生過得更輕鬆——至少在一開始不是。對於「輕鬆」的渴望通常會使我們自滿。「輕鬆」使我們傾向無知、懶惰、惡習與恐懼，因為我們不希望生活太辛苦、太難以預測，也因為我們害怕未知事物帶來的不安、以及從我們黑暗面萌生的煎熬感受。

正如李小龍所說：「怕痛——也就是一點苦頭都不願意吃，正是自我發展的大敵。」為了成長與改變，我們必須體驗不安。你的肌肉沒被「操」過就不會變壯（疼痛的本質，就是肌肉增長之前發出的小小哀號）。

剛去健身房的頭幾天，一定是最痛苦的，但第一階段撐過之後就會更有自信。不過，

我們別把生活簡單二分為「輕鬆」或「辛苦」兩種狀態，畢竟生活就是「活」的，一直在成長、變化。請以熱情面對這種成長與變化，不要感到焦慮。而且要記得利用遠大夢想的能量，讓你在面對艱難時能夠持續前進，從挫折中學習。

我之前提過，人會經過挫折的磨練而成長。假如你從來沒遇過挫折，你就永遠不會找方法解決挫折。而在我們的水之修行中，目標就是要刻意受挫以磨練自己。自己選擇挫折，總比你被挫折偷襲要好得多。

如果你沒先咬牙跑個一英里、三英里、五英里、十英里……那麼你的馬拉松就永遠跑不到終點。我們需要的，是讓自己建立起習慣。如果之前從來沒跑過，就不要嘗試一口氣跑二十六英里。我們要訂立一套訓練計畫，一步步讓自己成長，這樣我們才會具備容錯的彈性空間。

隨著時間經過，我們透過修行滋養自己，藉此得到最大的成長之後，旅途本身就會變得愉快，我們會在過程中感到活力湧現。接著我們就可以接納難關帶給我們的教訓，並且不再只為了結果而活。

沒錯，人生當中我們必須經歷一些苦難，並且做出一些很困難的抉擇，但在我們前進時，只要學會愛上這段過程、領略其可能性，我們就能放下懷疑、恐懼與煩惱，並開始看見我們無限的潛能。

李小龍是有目標的人。目標是很重要的，只要知道我們的目標是什麼，我們就有努力的方向。目標會塑造我們前進的動機，並創造我們的訓練框架。但請務必要記住，目標並不是唯一重要的事情。

事實上，我們很容易過度執著於達成目標，因此經常錯過整段旅程——等到達成目標後，又發現另一個想達成的目標。此時我們會很難承認自己的進步，並覺得自己好像永遠都到不了終點（無論「終點」在哪裡）。這就好像你還在嚼食物，手裡就已經握著下一口一樣——你太急著想吃下一口，結果整頓飯都沒有享受到。

但目標還是非常有用的，只要我們別忘了與它一起流動、活在當下。事實上，李小龍會鼓勵你設定目標，然後每天都要堅定的朝它踏出一步。他認為主動努力去達成目標，一定會給你的人生帶來意義與真諦。但他也會警告你，目標並不一定要達成。它只是一個依據，一個你嚮往的未來。

真正的重點是達成目標的過程，而不是結果。若想讓自己的潛力最大化，你該做的並不是時刻計算自己的成就到哪了，而是持續投入生活，形成一段無限成長的過程。

把方法從目標中抽離，目標就只成了一種幻想。方法不是重點。我自己就是方法。我是開始，當一切結束時，剩下的也是我。

你可以利用系統性的方式進行訓練與練習，但你沒辦法用一套固定方法來過生活，因為人生是一段過程，不是目標；是一種方法，而不是終點；是持續的變動，而不是固定的模式。

我超愛這句：「我自己就是方法。」我就是過程、我就是人生，總有一天會走到終點。我的人生正在進行中，所以請別再說「等到那天……」、「如果……那麼……」、「可是假如……」。

我就是自己的人生之道，我能創造自己想要的人生。我就是人生中最大的工具，我的身、心、靈全都任憑我處置，使我能夠做我想做的，相信我想相信的，拓展我想拓展的。你要活得像是「自己的人生」，因為它就是如此。

現在就開始

前面提到的工具——設定目標、採取行動、肯定、象徵作用、寫日記、身體修行與冥想（見第二章），只是李小龍培養自身潛力的幾種具體方法而已。只要你獲得自信，並開始真正了解自己、以及自己有什麼潛力，我保證你可以發明更多對你特別有效的工具。李小龍就是這樣——假如找不到想要的裝備，他就自己動手做。

所以就先踏出第一步吧！你不必等到全部都搞懂才開始，你也不可能全部都搞懂。有時候你必須先開始，才能找到你想找的答案。你可能要非常有創意，才能培養出適合自己的工具，或者，你可能必須仰賴那些你之前根本不相信的事情，像是能量療法、佛法修行或藥草醫學。有的人則有些嚴重的事情要「解封」並處理，而這份苦差事或許會令人卻步。「現在」就是行動、學習、創造的最好時機。別再想了，趕緊埋頭去做吧！

這世上有許多人會頭頭是道的說自己該怎麼做。他們只會說，卻從來沒實現或達成過。

請記住，你就是方法。你會在發現與成長的過程中找到自己。李小龍相信：

當你將一顆石頭丟進水池，石頭就會產生漣漪，並且擴散到整個水池。當我為自己的構想擬定明確的行動計畫時，正是這種感覺。

相信你自己。相信這段過程。然後開始吧。

李小龍的人生哲學

- 光有知識是不夠的，你得學以致用；光有決心也不夠，你得付諸行動。
- 當個務實的夢想家，並以行動支持自己。
- 如果你覺得一件事情不可能辦到，那一定是你讓它不可能辦到的。
- 行動就是建立自信的最佳途徑。
- 樂觀主義是一種信念，必須在心中刻意練習與培養。
- 專注於你想要的東西，不要的，就別理它
- 怕痛——也就是一點苦頭都不願意吃，正是自我發展的大敵。

第六章

放下自尊心吧，連李小龍都會受傷的

我的朋友，請記住，重點不在於發生了什麼事，
而在於你怎麼反應。你的心理態度決定你怎麼看待這件事，
它可能是墊腳石，也可能是絆腳石。

一九六四年，李小龍在「長堤國際空手道錦標賽」（Long Beach International Karate Championships）中示範武術。他一邊介紹中國功夫，一邊向學生與自願者示範他的招牌招式。他的魅力吸引了在場某位觀眾的目光——好萊塢明星御用髮型師，傑．塞布林（Jay Sebring）。

傑的客戶中有一位製作人正在找亞裔演員，而被李小龍給迷住的他，在錦標賽結束後就立刻打電話給這位客戶——威廉．杜西亞（William Dozier）。

過了一段時間，李小龍的電話響了，是我母親接的。對方表示自己是一位好萊塢製作人，想找她老公，而我媽覺得這一定是在開玩笑。她請我爸回電，接著他就出發前往洛杉磯，參加好萊塢電影試鏡了。

李小龍在第一個孩子（李國豪）出生後沒幾天，就從奧克蘭前往洛杉磯，參加《陳查理長子》（*Charlie Chan's Number One Son*）的試鏡，結果他技驚全場。

雖然《陳查理長子》的拍攝計畫最後取消了，但製作人非常喜歡李小龍，喜歡到願意付錢留住他，直到可以演下一部戲為止。不久之後，李小龍就獲邀飾演《青蜂俠》中的「加藤」（Kato）。

青蜂俠與加藤是一對打擊犯罪的搭檔，每個星期都要對付一大票壞蛋。李小龍演的角色是助手，但他帥到藏不住。過沒多久，青蜂俠打擊壞人的功力比不上加藤，大家都已經心知肚明（至少粉絲很清楚）。不幸的是（或許該算幸運？），《蝙蝠俠》（*Batman*）的電視影集與《青蜂俠》同時開播，而且比《青蜂俠》更受歡迎，所以《青蜂俠》只播了一季就取消了。

然而，改變人生的轉捩點已經出現。李小龍發現，在影視領域展示他的功夫，居然完全符合他訂下的人生目標：李小龍正在讓世界知道他的中國武術有多偉大。他心想，假如他可以創作自己的劇本，他就能夠在銀幕上呈現真實的中國人形象與中國武術，而且他還可以同時幫助、指導大家。

他已經見識過怎麼在好萊塢發展，如果他成功的話，或許還會替家裡帶來可觀的收入。這樣他的遠大願景就可以達成好幾項了！

在我的想像中，他已經在心靈的畫布上，看見這個調整過的目標，就跟他曾經想像過的功夫學院版圖一樣清晰。而身為務實的夢想家，他不會立刻收攤並把雞蛋全放進好萊塢這個籃子。他繼續開設學院，一九六七年在洛杉磯開設了第三間，私下也會在自家或別人家教課，同時他也在尋找在電影與電視演出的機會，並開始創造在媒體曝光的機會。

一九六六到一九七一年之間，李小龍為了在好萊塢成名而不眠不休的工作。《青蜂俠》停播之後，身為亞裔人士的他幾乎再也找不到任何演出機會（甚至連配角都沒有），而且他拒絕接演貶低亞洲人的角色，因此機會又更少了。

他本來要在一部影集擔任第二主角，但大家並不認為他能帶來票房。不過他還是盡可能多去參加試鏡，因此得以在電影與電視中演一些小角色。他在《無敵鐵探長》（*Ironside*）、《新娘駕到》（*Here Comes the Bride*）、《醜聞喋血》（*Marlowe*）等作品中飾演亞裔功夫高手，也接了一些武術指導的工作。

李小龍有一位學生是作家——史泰靈．薛立芬（Stirling Silliphant），兩人有時會合作，努力琢磨李小龍的創意構想。另一位學生是泰德．阿什利（Ted Ashley），他是華納兄弟（Warner Bros.）製片廠的老闆，而李小龍也向他推銷許多企劃，希望能得到支持。這段期間，李小龍繼續訓練、教課，同時經營位於西雅圖、奧克蘭與洛杉磯的三間學院。換言之，所有能做的事他全都做了。他努力工作，而且真的有夠拚。

一九七〇年代中期，李小龍的生涯似乎正往正確的方向邁進。他已經向華納兄弟推銷《無音簫》（*The Silent Flute*）這部電影，而對方也認為有賣座的潛力，而且他還向華納兄弟推銷電視影集《唐人街戰士》（*The Warrior*）。

他知道自己正在實現目標的路上，但這需要很長一段時間，成功似乎還很遙遠、難以企及。所以他不停訓練、教課、「混好萊塢」，這樣只要機會一來，他就能善加利用。

有一天早上，李小龍準備開始鍛鍊身體。待在南加州的這一年，大多數的日子他都在後院訓練。他有自己的舉重器材和訓練裝備，像是吊在後院屋簷上的沙包——他可沒有豪華的健身房可用。

這一天他有很多事情要忙，而他覺得自己的身體已經練到一定程度了，應該可以跳過熱身。於是他從「早安」運動開始做。這項運動是將很重的槓鈴背在肩膀上，一邊維持槓鈴的平衡，一邊把背部打直並將腰部盡可能向前彎（最好是臉碰到膝蓋），接著在肩膀有重量的情況下把腰彎回來。

如果你認識李小龍，就應該知道他的槓鈴非常重。這運動非常困難，除非你有適度的經驗與訓練，否則不應該嘗試。他彎下腰，正準備要彎回來時，背部突然「啪」的一聲，發出一陣劇痛。他立刻就知道大事不妙了。

隨著這天過去，他的背傷越來越惡化，連站直和走動都會痛。他按照運動員的方式休息與治療（冰敷、鎮痛軟膏等），但疼痛沒有消退，嚴重妨礙了他的行動。於是他請醫師診斷，醫師說他的第四薦神經傷得很重，並囑咐他要在床上休息。

這對李小龍這種好動的人來說，已經是非常壞的消息了，畢竟他是靠身體吃飯的。但還有更糟的消息。醫生要他做好以後無法再練武的心理準備。事實上，他以後可能一走路就會感到劇痛。

這豈止是壞消息——簡直是晴天霹靂。他不但無法帶著這種傷勢在好萊塢工作，而且連訓練跟教課的成效都會降低。各位讀者，這就是所謂的阻礙。

阻礙本身並不是重點

被擊倒並不可恥。重點在於被擊倒的時候要問自己：「我為什麼會被擊倒？」如果一個人能夠這樣反省，他就還有希望。失敗是一種心境；只要你不承認失敗，就不算失敗。

對我而言，被任何事情打敗，都只是暫時的。而它帶給我的懲罰，反而是在督促我付出更多努力，以達成目標。失敗只會讓我知道哪裡做錯了。它是通往成功與真相的途徑。

阻礙有各種形式、大小與強度。有些阻礙是短暫的，例如你平時不念書，導致你可能會考試不及格；或是你的車子拋錨了，無法準時出席一場重要會議。

有些阻礙則更加嚴重、折騰，例如你可能有成癮問題，或被憂鬱症所苦。還有些阻礙是突如其來的，例如出車禍，或是家裡的水管破了。阻礙說來就來，你不可能完全沒遇到。有些阻礙是自己造成的，有些是你選擇的，有些只是剛好找上門。無論情況如何，你最好都要記得，阻礙「發生了就是發生了」。它是中立的，它只是一件已經發生的事。差別只在於你怎麼看待這件事。

當然，起初你一定會很震驚，然後有很多情緒。你可能會難過、僵住或沮喪。你可以放任自己如此，但別沉浸太久。許多人之所以無法跨越障礙，是因為他們無法從重創中走出來，也就是被打敗了。但當看似重大打擊的事件發生時，關鍵在於邁向下一步：現在該怎麼做？

在日常生活中，你的心思可以隨意從某個想法飄到某件東西、然後又飄到另一件。可是當你在殊死戰中面對對手時，心思就會失去機動性、卡住、然後停下來。這是所有人都必須跨越的問題。

這裡的對手就是阻礙。當我們撞到巨大的路障時，心裡會很容易變得動彈不得、僵化，並且失去希望。李小龍說過：「**成功或失敗並非取決於事情本身，而是取決於事情對當事人的心理所產生的影響。**」這件事對你的心理產生什麼影響？你會任由它打敗你嗎？或著你會學習利用它，邁向新的事物？意想不到的事物？甚至更好的事物？

當新的阻礙來臨時，一開始先與它好好相處，並向它學習。它向你表露了什麼？教導你什麼？你該怎麼改變才能跨越它？你必須學習什麼新技能？你可能需要治癒什麼舊傷？當你踏上擂臺，一直被對手的拳頭痛擊臉部時，你能學會怎麼閃躲並反擊嗎？或者你只是站著任由對方痛扁你，直到你倒地、再也爬不起來？

如何回應人生中發生的事情是可以選擇的，你或許覺得自己沒得選，但你其實一直都有主導權。首先你要記住的是，「回應方式」也是一種內心狀態。或許你受到制約，必須以某種特定方式來回應，而這個制約，對你來說可能是自然且不容置疑的，但無論它多麼根深蒂固，從另一個角度來看，都只是其中一個選項而已。無論發生了什麼事，你都有力量決定接下來的發展。只要你能為自己的反應負責，你就有無比的力量。

我的朋友，請記住，重點不在於發生了什麼事，而在於你怎麼反應。你的心理態度決定你怎麼看待這件事，它可能是墊腳石，也可能是絆腳石。

最好的辦法就是繼續往前

李小龍遇到的狀況是：有著遠大計畫與夢想的菁英運動家，突然間陷入永遠迷失自我的危機。他怎麼回應呢？一開始當然會難過，但我媽總說在他遭逢劇變之後，通常會變得很安靜，他會與外界隔絕一陣子，與問題共處。而在這個情況中，他自然的進行流程的前幾步——讓身體休息，然後看醫生。

接著，一旦他有時間琢磨一下這個狀況，他就會進入「研究模式」（見第三章）。他請教醫生、購買關於背痛的書籍、他緩慢且有條不紊的測試自己的疼痛與移動幅度。他的書房至今仍有許多治療背痛的書籍。

而且他可是絕不浪費時間的李小龍，就算在「休息」，他也不想只躺在床上啥都不做。所以除了閱讀與做研究，他也寫作。反正雙手閒著也是閒著，他開始記錄自己對於武術的想法，希望能為後世留下清楚的資訊。

他著手寫作共七冊的巨著《截拳道：李小龍武道釋義》（*Bruce Lee Jeet Kune Do: Bruce Lee's Commentaries on the Martial Way*），表達他對於格鬥與訓練的想法。此外他也構思更多電影與電視方面的創意，並且繼續兼差教課。學生會來家裡拜訪他，而他會坐在椅子上指導他們。他選擇持續往前走，做他目前能力所及的事，並妥善運用自己的時間。

他還會閱讀當時流行的「自助」類書籍——也就是協助培養堅強心態與正面態度的書籍，像是哈里·米爾（Harry Mier）與瓊·米爾（Joan Mier）的《幸福從早餐前開始》（*Happiness Begins Before Breakfast*）、埃里希·佛洛姆（Erich Fromm）的《愛的藝術》（*The Art of Loving*）、海利·史坦納（Heiri Steiner）與琴·蓋伯瑟（Jean Gebser）的《焦慮：現代人的通病》（*Anxiety: A Condition of Modern Man*）、高登·拜倫（Gordon Byron）的《給你自己一次機會：成功的七個步驟》（*Give Yourself a Chance: Seven Steps to Success*）、威

廉・C・舒茲（William C. Schutz）的《喜悅：拓展人類意識》（*Joy: Expanding Human Awareness*）……書單列都列不完。

就是在這段期間，做事總有目的、而且喜歡製作象徵物的李小龍，順手拿起一張名片，在背面用他又大又美麗的字體寫下（後面還附上一個超大的驚嘆號）：「往前走！」

他為這張卡片做了一個木架，還把它放在自己桌前，這樣每天養傷的時候都可以看到它。每當他低落、沮喪時，他就用這張卡片提醒自己：往、前、走！繼續做你該做的事，一步一步慢慢來——哪怕你不確定事情最後會往哪裡發展。

當我看到「往前走」的時候，想起了《海底總動員》（*Finding Nemo*）裡的多莉像念經一樣說道：「繼續游、繼續游、游啊游。」別去想要花多久時間會好轉（無論心理、情緒還是身體）。假如你永遠不開始，你就永遠無法好轉。如果你因為恐懼與難過而停下腳步、退縮成癱瘓狀態，那你就鐵定沒救了。

假設你接下來十年，一次走一小步，那麼總有一天，你就能夠回顧自己的長足進步。但你若不持續往前走，這永遠不可能發生。假如你逗留在某個點，你的視野就永遠都不會改變，但如果你持續往前走，新的風景就會揭曉在你眼前，隨之而來的則是新的潛力。

人生是持續流動的過程，途中會突然發生不愉快的事情——它或許會留下傷疤，但接著人生會繼續流動，就像流水，只要停下來，它就會變濁。我的朋友，勇敢走下去吧！因為每一次經驗都會使我們學到教訓。持續突破吧！因為人生就是時好時壞。

悲觀只會讓你的工具變鈍

假設你正遇到生活上的阻礙，必須翻找解決問題的工具箱，而現在你也知道要逼自己向前邁進，但「知道」跟「做」是截然不同的兩回事，最大的差異之處就是你的心態。

如果你覺得一件事情不可能辦到，那一定是你讓它不可能辦到的。悲觀會使你弄鈍自己成功的必備工具。

當我女兒因為考試而感到壓力時，我經常告訴她，所有抱怨、呻吟與擔憂，都只會讓書更難念。念書已經夠難了，所以她不必喜歡念書，但假如她想成功，那麼念書就是很重要的因素。

因此我教她盡量拋開這份苦差事的負面情緒與悲觀想法，讓這件事變得中立。無論任何時刻，你都是自己人生的創造者與詮釋者。事物對你有意義，是因為你給它意義，而不是別人給的。就算這份意義是從別人而來（父母、老師等），選擇並接納這個意義的還是你。你自己要負責。

假如有人羞辱我，我可以選擇被羞辱，或是同情那個人，因為他們顯然有自己的糾結之處；或者我可以向對方表達我的心情，或者我可以轉頭就走。我可以把這種羞辱解讀成：「這世界真是爛透了！」或者看作：「這世界需要治療，而我該如何盡自己的一份力？」所有經驗、感受，都是由自己創造，我們可以自己選擇。

擔憂無法解決問題，它反而會從問題生出問題。悲觀無法解決問題，它會告訴你問題不可能解決，結果讓問題更困難。恐懼無法解決問題，它會使我們不敢反擊問題，因為我們害怕失敗、害怕自己讓問題更嚴重。懷疑無法解決問題，它會給你不解決問題的藉口。冷漠無法解決問題，它會使你不在乎任何事情。上述這些負面態度，只會弄鈍你手中用來克服阻礙的工具。它們會擋在阻礙前方，生出另一個阻礙。

你要領悟自己的強大。別把自主權交給別人、負面態度或境遇。別讓外在事物妨礙你能發揮的能力。除了你在乎的事情、想做到的事情，其他外在的因素對你來說根本都是沒有意義的。墊腳石或絆腳石——選擇權在你手中。請像李小龍這樣思考這種領悟吧：

我以前總是遭受境遇的打擊，因為當時的我是會被外在環境影響的人。如今我終於領悟，「我」就是那股掌控心理感受的力量，而我的境遇也由此而生。

放下自尊心——就連李小龍也會受傷

背部受傷這段期間內，李小龍必須臥床休息。他們夫妻倆當時有兩個幼小的孩子要養（分別只有四歲與六個月大）。更糟的是，他們才剛買了第一棟房子，現在因為李小龍無法工作，恐怕會繳不起房貸。

我母親找到了一個在深夜接總機電話的工作，而我父親則帶著背傷哄兩個小孩上床。老婆必須接工作來維持家裡的生計，令李小龍覺得很丟臉，但他們又能怎麼辦？如果他們要度過這個難關，他就必須放下一些自尊，而且也必須想出辦法。

假如李小龍傷到背部之後心想：「我可是李小龍耶，背部怎麼可能受傷！」那麼他可能就會太急於恢復健康，結果在過程中傷得更重。

他或許會變得沮喪，覺得再也無法「對得起」他在別人心目中的那個李小龍，結果害他的家人失去家園。他也或許永遠無法在香港拍電影，李小龍可能就只是六〇年代影集《青蜂俠》（而且只演了一季）的「那個演員」。而我們也永遠都沒有理由重訪他這段生涯，因為他只不過是流行文化這個大螢幕上的其中一個小光點。

但正因為他願意去研究、詢問、實驗，並相信自己能控制命運，所以他會問自己：我可以從這個阻礙中學到什麼？我該怎麼從這裡向前邁進，並鼓勵自己繼續往前走？李小龍並沒有緊抓著自己既表面又理想化的身分，而是退一步來評估這次挑戰。

而且他手上還有一個已經培養得很熟練的能力。成為技藝高超武術家的其中一個重要因素，就是對於「時機」極度敏銳。

在與老練的對手（或阻礙）對戰時，你只能在適當時機出擊。如果你太早出擊，就會被格擋、架開或根本打不到目標。如果你太晚出手，你的目標可能已經不在原地、或早就反過來賞你一招了。

處理阻礙就需要這種紀律。**把自己逼得太緊，你就會筋疲力竭。逼得不夠緊，你就永遠過不了這一關。**

李小龍雖然是脾氣火爆的行動派，但他抓時機的功力是無可挑剔的。而抓時機的功力，有一部分來自於培養耐心。

沒錯，培養耐心對他這種性情來說是很辛苦的，但他對於耐心的看法是：「**耐心並不是被動的。剛好相反，耐心是一種專注的力量。**」想想他的背傷吧。他必須耐心且適當的休息、做研究，並且以最佳的時機與努力來恢復自己，以獲得最好的成果。太早從事太多活動的話，反而會使他舊傷復發。

有時你什麼都不能做，只能等待，這就是最困難的地方。你可以想像李小龍這種行動派，要花費多少「專注的力量」才能保持耐心嗎？我自己是那種「有問題就要處理」的人，但有時候，面對巨大的阻礙時，我們必須停下來檢討自己、時機與眼前的狀況。我們必須投入所有的感官，並放下自尊，才能適當的向前邁進，並且永遠避開那個阻礙。

做人不應該太逞強，而是要致力於該做的事，好像當下沒發生什麼特別的情況一樣。你應該把自尊當成一種工具，而不是某種財產。打從心裡當個無名小卒吧。

當我們強大到足以替世界賦予自己的意義，我們就不必編故事，或在別人眼中裝出某種形象。說到克服阻礙，我們不必符合任何人的期待，而是要試著當個無名小卒。這是什麼意思？意思是放下你的自尊，別因為自負與自我防衛而無法順利克服阻礙。

李小龍打從心裡當個無名小卒——他不是「偉大的武術天王巨星李小龍」，而是某個背部有傷的人，試圖讓人生活得豐富精彩，並趁自己還有時間時多做點事情。也因為這樣，他成為我們多數人永誌難忘的人。

駕馭意志力的最高境界——順其自然

除了當個無名小卒，克服阻礙還需要駕馭自己的意志力。正如李小龍說的：「精神的力量可以排除所有阻礙。」

你可能還記得李小龍的其中一句肯定句：「意志力是我心靈中的最高法院。」李小龍認為自己是擁有「自我意志」的人。請注意，意志力並非一個人最重要的存在因素，因為有時候其他微妙的情感必須凌駕意志力。但李小龍是個講求行動與目標的人，他認為自己已經完全化為武器，不只是因為他武藝高超、身體處於巔峰，也因為他知道怎麼駕馭自己的意志。

無論我要靜坐、寫書、吃健康餐、鍛鍊身體、處理問題，都必須駕馭我的意志。而有時我只是興致一來，就會開始寫作、吃健康餐、鍛鍊身體……但假如我總是需要剛好有興致才能自發的行動，我就幾乎動不起來，而且毫無章法可循。偷懶、無知、找理由，真的是輕鬆多了。

每天都應該吃自己想吃的東西（無論這對我的健康多麼有害）；我為什麼不能每天吃高糖、高脂肪、高鹽的美食？這樣吃我會很開心啊！人生不就是要過得快樂、過得爽嗎？

這樣吃就會讓我很快樂、很爽！

但我也有相反的論點：我只有正在吃的時候才會覺得爽，而且只有「某個限定版本的我」覺得開心而已，因為當之後身體感覺很糟時，我就開心不起來了。有短暫的一刻我覺得「好好吃！」隨後我卻覺得好糟糕——無論身心都是。你看出問題了嗎？

所以，我們必須運用自己的意志力，但該怎麼用？我們是用它來維持一個假象（甚至好幾個）嗎？或者我們將它用在人生的長期抗戰中——用來協助我們的個人成長？正如李小龍所說：

什麼是意志？它是一種企圖，引導自己位於無限展開的宇宙中的能量。透過引導自己的作為，就能和諧融入這個過程。

根據這個定義，你的意志並非可以獨自駕馭的孤立事物。它會考量你周遭所有展開的事物，這樣你就能夠使自己的行動配合所有發生的事情。聽過「順其自然」這句話嗎？假如你不以更全面的方式來運用意志力，而只是用你的決心來強硬對抗迎面而來的事物，那麼你只是讓自己過得更辛苦而已。或許你可以稍微逆流而上一陣子，但你要這樣游過整條密西西比河嗎？最後你一定會累垮。

但如果你將意志力用在「應該」，那就不是真正運用在你的精神上，也就無法有效排除阻礙了。我「應該」吃得健康，而我可以「強迫」自己去做。這樣的話，我並沒有跟任何目標連結。我只是利用罪惡感讓自己屈服而已。

不過，假如我運用意志力讓自己吃得健康，是因為我希望自己長壽、身體強壯（這樣我就會精力充沛、心情愉快，也就能更輕易達成其他目標），我就是在精神上運用意志力。在這個情境中，我考量全局，並為自己的路途注入正能量。隨著人生的遠大願景展開，我引導自己的能量與作為，使它們和諧融入這個願景之中。

李小龍在背部受傷之際駕馭自己的意志力，不只是休養、研究並發展康復的策略，還繼續透過閱讀與寫作，追求他的目標與夢想。我們也可以像他一樣，利用意志力達成目標，同時滋養自己的靈魂。

只要能夠維持自己的精神力並實現自我，就能夠有效的運用時間。正如李小龍說的：「如果你熱愛人生，那就別浪費時間，因為人生就是時間構成的。」

所有成就，都始於「你決定」哪些成就是可能達成的。還記得務實的夢想嗎？對伊隆・馬斯克（Elon Musk）來說，上太空是可能的。對李小龍來說，成為一九六〇年代好萊塢的首位亞裔男主角，也是可能的。

無論夢想是什麼，都不要因為它很遠大、很花時間、你不確定該怎麼達成它，就給自己的夢想打折。面對路途中無可避免的阻礙時，「相信夢想可能達成」是非常關鍵的要素。更確切來說，它是克服阻礙的必備要素。

阻礙，就是另一個清空杯子的時刻

我想告訴你一件你可能不知道的事：李小龍後半輩子背痛都沒有痊癒。他不可能只透過意志力與正面態度，就神奇的治好他所有背痛。但你知道他做了什麼嗎？他藉由強化與治療他的身體、背部周圍的肌肉、與其他部位的整體健康，支撐背部的弱點。

受傷之後，他總是花很多時間暖身，再把身體冷卻下來。必要的話，鍛鍊身體後，他會冰敷與熱敷背部。他會服用減緩疼痛的中藥與西藥。而且他學會怎麼帶著受傷的背部來訓練、教課與表演。

更重要的是，他並沒有讓背傷定義他、阻止他或打消他的夢想。在他出演的每部電影中，身材都調整到了最佳狀態，並且帥氣的踹翻各路人馬——這些都是帶著沒痊癒的背部辦到的。做這些事情所花的時間一定比原先還多，因為他需要照顧自己的背部，但這是必要的，而且正是因為他認知到了這是必經的過程，李小龍才能達成夢想。

我說啊，應該沒有人的工作像我一樣這麼沒保障吧？我是怎麼撐下去的？因為我對自己的能力有信心，所以我辦到了。

我的背傷確實毀了我一整年，但每次逆境都會帶來福氣，因為每次打擊就像在提醒我們，千萬不能被習慣給腐化。假如你讓自己走出目前的處境，你就會因為逆境的打擊而邁向更高的層次。

當夢想開始崩解，或我們的慣例不管用時，你可以把它當成危機時刻。但你也可以把它當成找回自我、找回夢想、找回清晰眼光的時機。這段時間能夠重新評估與再度做夢，也能刻意清空你的杯子，整理你的想法與情緒，並為你之前沒考慮過的事預留空間。只要你還保有清晰看待處境的心態、願景，以及達成夢想的決心，就算面對巨大的阻礙，你也還是能重拾並重組夢想。或許願景相同，但形式不同。或者是更清晰的夢想、更堅定的形式。

把夢想的碎片拼湊起來，然後重新擁有這些碎片。重新擁有夢想中的隱藏潛能。隨著我們本身的進步以及時局的變化，通常都有必要改掉舊習慣。

如果你仔細觀察，生活周遭總是有東西可以學習——尤其是從阻礙中學習。我們的阻礙正是最棒的老師，它們會告訴我們該怎麼透過自身的優缺點，獲得最大的利益。它們將為我們打開新的視野，協助我們發展新技能——前提是我們願意讓它們這麼做。

做明智的事情，然後忘掉它並繼續往前走。往前走就能看到新的景色、往前走就能看見飛鳥。往前走，將那些妨礙自身流動的事情拋諸腦後吧。

有時我們會踏上自己始料未及的人生旅程，尤其是在應付人生帶給我們的考驗時。以李小龍為例，他能夠與阻礙合作，並堅守自己的道路。當一顆巨石落入他的水流中時，他會讓自己的水流適應之後繼續流動。

但對於我們某些人來說，人生帶給我們的考驗可能會巨大到難以理解。阻礙是個挑戰，甚至是個大問題。而當整個人生困難到一切都不合理的時候，該怎麼辦？

李小龍的人生哲學

- 被任何事情打敗，都只是暫時的。而它帶給我的懲罰，反而是在督促我付出更多努力，以達成目標。
- 成功或失敗並非取決於事情本身，而是取決於事情對當事人的心理所產生的影響。
- 我以前總是遭受境遇的打擊，因為當時的我是會被外在條件影響的人。如今我終於領悟，「我」就是那股掌控心理感受的力量，而我的境遇也由此而生。
- 耐心不是被動的。剛好相反，耐心是一種專注的力量。
- 如果你熱愛人生，那就別浪費時間，因為人生就是時間構成的。

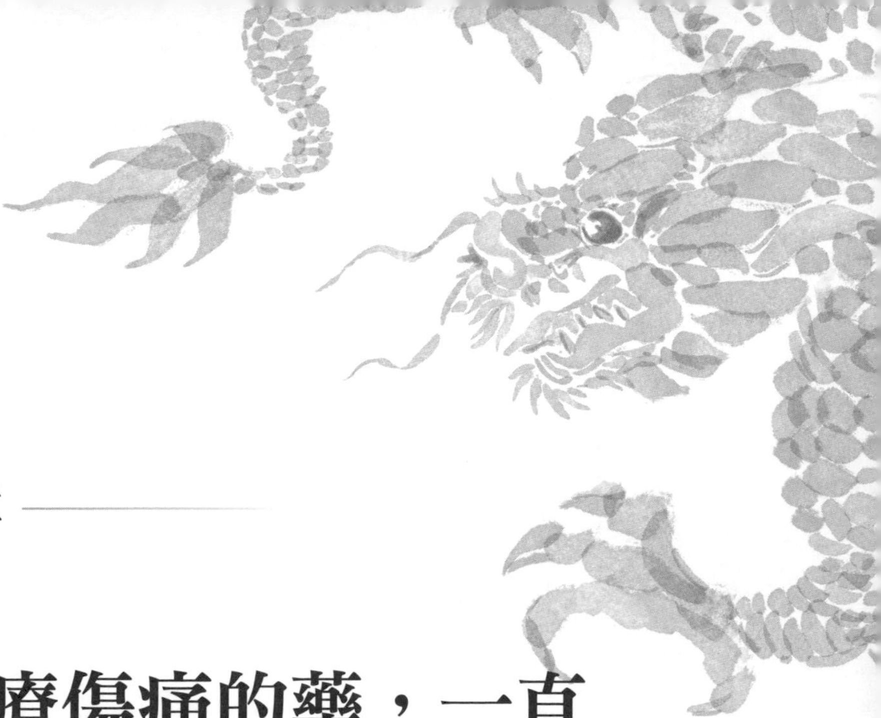

第七章

能治療傷痛的藥，一直都在你心裡

沒有酒館能讓人克服焦慮、沒有監獄能讓人贖罪。
禪學不會告訴我們問題是什麼，它堅稱整個困境，
都是源自於我們沒有意識到「問題其實不存在」。
當然，這也意味著沒有解答⋯⋯。

有時眼前的阻礙太過巨大，你甚至看不清楚它是什麼；這已經不只是問題而已，而是實實在在的危機。你的人生出乎意料的完全改變，使你迷失了。你覺得自己正處於狂風暴雨之中，漂流在大海上，方圓百里之內什麼都沒有，只有彷彿要吞沒一切的巨浪。一道海嘯正朝你而來，完全沒有警告。

一九九三年三月三十一日，我在紐奧良的家裡睡覺時，半夜接到我媽的電話。她說我哥哥李國豪拍片出了意外、受傷了。我要先坐飛機到亞特蘭大與我媽會合，然後我們再飛到北卡羅萊納州的威明頓市。我媽已經幫我買好機票，但沒有再多透露訊息。

我打包了一袋行李（雖然我不知道自己幹嘛帶行李），然後在凌晨時分前往機場。在搭飛機和我媽會合後我聽到了更多消息，他的主動脈某處受傷了，正在接受急救。這聽起來不太妙，但沒有人明講情況有多嚴重。

我們搭上前往威明頓的飛機，不過我們的座位是分開的，因為我們最後一刻才買到機票。我坐在座位上，有幾分恐慌與焦慮。飛機離地面好幾千英尺，而我突然感覺到有一道閃電射穿我，就像一束能量穿過飛機、穿過我的身體與頭頂。它非常強大，而且極度令我不安。我突然痛哭起來，因為那一刻我知道哥哥已經過世了。

我感覺到他的靈魂離開自己的身體，然後穿過我的身體。只有可能是這樣了，我不知道該怎麼傳達這個感覺，只知道它是真實的。一分鐘之後，我忍住淚水，努力說服自己搞錯了。我怎麼可能知道發生了什麼事？我開始恢復理性，跟自己解釋：我只是壓力太大、胡思亂想而已。

我們降落在威明頓，之後見到了我哥的未婚妻。我媽走向她，兩人抱在一起。我哥的未婚妻一邊抱著我媽，一邊跟她講了幾句話，然後我看到我媽膝蓋一軟、跪在地上。我是對的，哥哥真的過世了。

當時，我感覺不到任何事物。我哭了出來，但內心震驚不已。我們乘車前往醫院，去看他的遺體，這實在是很可怕的體驗，因為他動了好幾小時的手術、全身插管，已經不像他原本的樣子。接下來就是一片混亂。我落入人生的荒野、沒有地圖，也無法理解周遭的風景。

你可能會覺得我之前就經歷過這種事，因為我父親在我小時候就過世了。我的確經歷過。但當時我只有四歲，只依稀記得自己的困惑與混亂。我的印象中只有香港那一大群悲傷的人，因為有數千人在街上排隊參加他的葬禮。我媽跟我哥都很悲痛，接著輪到我自己。但也只有這樣而已。我甚至不知道「悲痛」這個詞，我連自己的悲痛都記不起來。我已經對自己大發慈悲，下意識將這段記憶封鎖了。

但二十年後，我站在這裡，而悲痛之情宛如猛獸一般撲向我。我們在北卡羅萊納待了幾天（我忘記是兩天還四天），接著飛往西雅圖，將我哥葬在我爸旁邊。然後我們又飛往洛杉磯，舉行一場追悼儀式，而我就是在洛杉磯出生的。雖然我的身體一直都在現場，但我就像在做一場夢，視線模糊，聽不到任何聲音，而我除了壓倒性的悲傷與認知失調之外，感受不到任何事物。

最後我回到紐奧良，也就是我住的地方，但哥哥已經不在這世界上了。我該怎麼繼續生活？宇宙根本就不講理，感覺好像再也沒有明白它的意義了。我站在暴風雨的中央——一邊是海嘯，另一邊有龍捲風疾馳而來，而我的腳下有地震。

我知道怎麼度過每一天，卻不再知道該怎麼「活」。夏天即將結束之際，我已經計畫要搬回洛杉磯，住在我哥哥附近，並開始我的演員生涯。這在他開始出演《龍族戰神》（*The Crow*）（也就是他被誤殺的電影）之前，就已經跟他說過了。

他過世之後，我回到紐奧良、沒有工作，因為幾個月後才要按照原定計畫搬到加州，所以我先在杜蘭大學（譯按：位於紐奧良）接了一個替宿舍油漆的工作。這份工作很完美，因為我不必跟任何人說話。一天八小時，我可以邊聽音樂邊油漆，在路易斯安那州毒辣的夏日熱氣中粉刷煤渣磚牆。

有一天我在油漆時，突然膝蓋一軟、跪在地上。那是一種崩潰的感覺——就像盡力抓著浮木的人，身體最後還是撐不住了。我坐在那裡深呼吸，就像從來沒呼吸過一樣。而我那時才恍然大悟，原來我已經憋住呼吸好幾個月了。接著我的悲痛開始迸發，水壩終於潰堤了。

夏季末我按照計畫搬到洛杉磯，而我開始害怕一些以前習以為常的事物，像是搭乘飛機、與人對話。我一直處於傷痛中，有時早上無法起床、穿衣服、或是無法離開沙發。我的內心陷入了困境，但表面上我還是照常生活，試著開始演員生涯，就這樣度過每一天。我一直都很傻眼、困惑，到底該怎麼再讓心情好起來？我該怎麼理解這個世界？

我記得當時，我希望自己是在某種宗教信仰中長大的，這樣我起碼可以解釋為什麼會發生這種事、我哥哥的靈魂去了哪裡，或我現在該做什麼。我對這些事情完全沒有頭緒。這並不是說我希望用宗教來解釋，我只是希望自己能夠相信某件事物，讓這陣情緒爆發有點道理可循。

我就這樣「存在」了好幾年。我結婚、成家、立業，但全都只是是表面。我的內心是封閉的。暴風雨還是猛烈襲來，而我快溺死了。

李小龍曾說：「當我問存在（existence）的反義詞是什麼？有人會立刻回答：『不存在』（nonexistence），但這是錯的。它的反義詞是『反存在』（anti-existence）。」

「不存在」就只是什麼都沒有，但「反存在」是真心不想活。這段時期很多方面對我來說都是反存在。我存在，但不覺得自己活著。我度過每一天，但只是身體在動而已。

我有既定計畫與選好的路，但我開了自動駕駛。我並沒有真正體驗我的生涯、婚姻與人生。我想很多人都有過這種感覺，無論他們是否遭遇過悲劇、或者有創傷性的事件降臨在他們身上。很多人就只是過日子，不完全確定為什麼、沒有完全投入、內心是封閉的，或許知道有些事物失去了、或者去做某些事會比較好，但不確定該怎麼做。

能治療傷痛的藥，一直都在心裡

這段時間，剛好有幾本介紹李小龍著作的書籍打算要出版，因此他所有著作都被匯集起來，交給我過目。當時我沒有經營這項事業，對方只是出於禮貌，才將這些作品交給我。此時我哥哥李國豪已經過世好幾年了，而我的生活也就這麼過下去。我接下父親一疊又一疊的字句，並開始瀏覽它們。我看到幾句早就看過的，例如「化為水吧，我的朋友」、「以無法為有法，以無限為有限」等。接著我瞄到一段話，直接說中我的心情：

能夠治療傷痛的藥，打從一開始就在我心裡，但我沒有服用。我的病痛來自於自己的內心，但我直到這一刻才察覺。現在我終於明白，除非我像蠟燭一般燃燒自己，否則我永遠找不到光。

我不知道為什麼這句話能夠在當下向我解釋的如此清楚，也不太曉得我讀到它之後該怎麼做。但我第一次感受到某種事物——只能形容它是「希望」吧。就像有人給我巨大謎題的線索，而我甚至不知道自己正嘗試要解開它。

我開始發現自己一直反覆對自己說著某句話。這句話並不主動積極，也沒有遠大的目標，而是極度絕望的內心哀求：「救救我，我不能再這樣過下去，請救救我。」而第一道打破黑暗的曙光，來自李小龍的字句。我下意識的求救，然後得到救援。

面對傷痛時，我們的解答經常是忽視它或淡忘它，在不承認它的情況下放下它，因為一承認就有可能讓內心崩潰。但我已經傷得這麼深，李小龍卻對我說，可以治癒自己的藥就在我手中。我真的有藥嗎？該怎麼做？後來我又看到幾句話，大意是這樣：「讓自己陪著心病一起走下去吧，這才是你擺脫它的方法。」還有一句：「混亂中總有機會。」

我被扔進混亂的漩渦中，變得很固執、緊揪著傷痛不放，使我難以呼吸。當時我在抗拒生活，同時又假裝生活，因為我再也不相信人生會好轉。爸爸跟哥哥都過世了，人生怎麼可能會好轉？沒有任何一條合理的路線能從此處通往真正的幸福。但這種畏縮的存在方式，也不算真正活著，所以我屈服了。開始審視自己的內心。

我想照著父親李小龍的話活著。我想相信人生還有更多意義。

我開始試圖為混亂賦予秩序。我與悲痛共處，讀了更多書籍與文章，並尋求治療師協助。我敞開自己，面對失去親人的悲痛，讓它教我怎麼活。我更深入鑽研李小龍的哲學，並開始希望自己能活得更有目的、更真實、更完整。至今我還是這麼做。我就像一個正在進行中的作業——就跟所有人一樣。

有時我也會因為自己做出的選擇犯下錯誤，而再度陷入沉睡、脫離人生。我還是很掙扎，但在那一刻，我這輩子第一次知道其中有更多意義。我開始瞥見喜悅與自由的可能性。

在我探索的過程中，開始意識到自己內心沉睡的活力，它本來被我遺忘已久。隨著我逐漸理解人生的現實面，我才明白自己大半輩子都有輕微的憂鬱症，從父親過世，直到我三十歲才終於擺脫這長期的憂鬱症。我無知的以為每個人都會感受到我這種揮之不去的酸楚。我以為每個人都是這樣生活。

李小龍曾說：「你會因為逆境的打擊而更上一層樓，就像狂風暴雨過後，所有的植物都會生長。」由於親手治癒了自己，並堅定的尋求完整，我終於明白他所說的話，並將它化為我的一部分。

我終於撐過這場暴風雨，並在另一頭發現百花盛開的嶄新人生。我在旅途中培養出一種之前從未有過的信念。而人生也開始向我揭曉它的祕密。

李小龍的字句就像點亮的火柴，為我帶來第一道光。我就像蠟燭一樣開始燃燒。慢慢的，烏雲逐漸散去，整個世界開始亮了起來。

我們總是處於變化的過程中，沒有事情是固定的。只要你心中沒有僵化的系統，你就能夠靈活的隨著恆變而改變。我的朋友啊，敞開你自己、自由流動吧。完全開放的流動且活在當下吧。假如你內心沒有任何執念，外在事物的答案就會自己揭曉。

似水一般流動、像鏡子一樣面對自己、如回音那樣給予自己答案吧！

當你停止抗拒人生（哪怕是人生中最艱難的時刻），你就會開始成為人生的一部分，而人生會反過來呵護你，並跟你說：「你看，人生就是這樣、我們就是這麼活的。」過了一陣子之後，你會發現自己已經不想在河岸的小漩渦裡拚命打轉，因為你知道自己是水流，因此你可以安全的讓自己再度往前流動。

培養信念，才能通過人生的風暴

我之所以想告訴你上面這個故事，是因為你可能覺得人生乏善可陳（或者更糟），你覺得人生很痛苦，把你折磨得不成人形。如果是這樣，就表示你正處於暴風雨中，而你沒有自覺。就像我被憂鬱症搞到心神不寧的那二十六年歲月一樣，你可能封閉了自己而不自知。但你不一定要像我一樣，準確指出某件人生中的創傷性事件，才能知道你並沒有真正活著。

假如你大部分時間都無法想像熱情洋溢與精力充沛的感覺，那我在這裡告訴你，你並不孤單——而且我也要告訴你，這種活力十足的人生，並不只是嬉皮或超級英雄式的幻想，它絕對可能辦到。你還沒能夠得到它，並不代表你得不到它。但你必須相信你可以得到它，接著你必須追求它。你必須抱持信念，縱身一躍。

李小龍曾說：「當道理似乎不存在時，我不能、也不會嘲笑信念。」那麼信念是什麼？根據他的定義：「信念就是維持自己的靈魂。透過它，你的目標就可能化成實體。」信念就是維持靈魂——對我來說，意思就是「相信那些能讓我感到完整的事物」。此外李小龍也相信：

信念是一種心境，可以透過自律來調節。透過自我暗示對潛意識反覆下達指示，就能夠引發或產生信念。這就是信念的發展過程。

且讓我解析這句話。信念的意思是「相信」或「信任」。因此，世上雖然有道理、邏輯、證據、推論、分析，但也要相信自己、相信支持你的人、相信這場旅程、相信你的直覺。

直覺就是靈魂的語言，它引導我們傾聽自己內心的聲音；直覺就是你接收到的感覺或訊號，要你探索或追隨某件事物（就算沒有合理的理由這樣做）。而你直覺中的信念，將會引導你走出暴風雨——只要你學會培養並追隨它。

好消息是，這種信念也可以自行培養（還記得肯定句嗎？）。培養的方法很簡單，你只要每天提醒自己心裡要有信念，你要找到、感受並實踐你內心的導引系統，你要練習有耐心，你要練習相信直覺，並相信如果能夠完全投入這場人生實驗，就會找到離開暴風雨的路，走進盛開的花田。

我哥過世後那段期間，常常有人試著告訴我：「任何事情發生都是有理由的。」（過來人的建議：當一個人在面對困境的時候，最好用其他方法來幫助他，因為他們通常聽不進這句話）雖然你之後會因為正視創傷而從中找到贈禮，但創傷依舊是創傷，而且要花很多心力處理。

等到你覺得準備好時，請開始專注於這個想法：我要與人生的暴風雨共處，然後找路通過它並前往彼端，哪怕要用爬的，都不要停在原地。你的靈魂能夠學會站起來，無論要花多久時間。這就是你，別忘記了。

李小龍式「八正道」

現在我要清楚說明該怎麼應付暴風雨，無論它對你而言是什麼。回想一下你人生中曾經失去希望的時刻吧。或許是一場悲劇；或許是一陣令你心神不寧的感覺，而你不知道直接原因；或許是一個你很久沒處理的阻礙，現在變成一場大風暴。但無論那是什麼，它都在妨礙你感受喜悅與活力的能力。

佛教有個概念叫做「八正道」：正見、正思、正語、正業、正命、正勤、正念、正定。懂嗎？我也不懂。

這些字詞都很簡單，但概念非常宏大，而我的理解真的只是入門而已。但李小龍（還有我）將這些概念解析如下（重大免責聲明：我跟我爸都不是佛學家）：

正見

李小龍式翻譯：你必須看清楚什麼是錯的。

知道並理解什麼是錯的，看見問題是什麼；感覺你的感受並識別它們：悲傷、憤怒、失聯、傷痛。看看你有哪些地方封閉、暴怒、或受傷了。如果可以的話，找出源頭吧。

正思

李小龍式翻譯：下定決心治癒自己。

有意識的決定你不想再這樣存在下去；下定決心做點事情、下定決心做出改變，並完全相信以下概念：你可以選擇擺脫這個問題過活，或是一輩子走不出去。

正語

李小龍式翻譯：用語言走向治癒的目標。

拋開懷疑、自嘲、逃避、假裝與說謊，以樂觀的態度討論問題與解答。藉由你對自己說的話，活在嶄新的可能性中。

正業

李小龍式翻譯：你必須行動。

拿出你的工具，開始行動吧。透過你的行為，以及你活在這個世界的方式，體現你曾對自己許下的承諾。這不表示你就是完美的，但代表你有目標，而且正往它邁進。閱讀、上課、找治療師、寫出肯定句——採取行動吧！

正命

李小龍式翻譯：你的「生計」千萬不能被「療程」給影響。不要投入會讓自己脫軌的事情——壞習慣、有害環境、負面關係。你的「療程」就是以上你採取的行動與說的話，它們是你創造的不同生活方式中的一部分。而「生計」不一定是指你維持家計的工作，而是你的生活、活力與環境。不要故意給自己的道路增加阻礙、不要擋自己的路，也不要讓別人擋你的路。盡可能淨空道路讓自己前行。

正勤

李小龍式翻譯：療程必須以「持久的速度」來進行。就像馬拉松跑者一樣，如果你一開始衝太快，就跑不到終點。別急著衝到「那裡」、好像真的有地方要去一樣。你只有人生要過，而且這個人生要盡可能有活力、盡可能真實，才能盡可能長久。所以請以你能夠維持並完全實現的步調向前進吧。

正念

李小龍式翻譯：你必須感受它，並持續不斷的思考它。你必須希望自己痊癒。你必須記住痊癒，並總是以它為目標。你不必太執著於它，但你必須一直追求它、不要忘掉。假如你偏離路線，請喚醒它，然後回到原本的路線。你必須一直把它記在心裡、維持清晰，然後一次、一次又一次的待在路線上。

正定

李小龍式翻譯：學會怎麼用深層心靈來冥想。

深層心靈不只會傾聽自己，它是有感覺的、更遼闊的層面。它是結合身體與靈魂的境界，它不只會分析，也會冥想。善用你的心靈、嘗試你的想法，將它當作一次體驗。讓想法轉化為感覺、再轉化為存在。

感受「透過行動表達想法」的可能性，這樣身心靈就可以統一。學會將心靈當作一個無邊無際的創意聚寶盆，讓你的生命之力一次又一次的填滿，接著它就會透過你的存在而表達出來。

我知道資訊量很龐大，但不必太拘泥於這條路的順序或規則。只要學習投入這個系統就好。

當我處在悲痛形成的暴風雨時，我已經很久沒有審視自己的心路歷程，而我踏出的第一步，是持續且絕望的在內心呼喊：「救救我，我不能再這樣過下去。」依我的經驗，一旦認知到自己處於悲痛之中，就能清楚看見是什麼事情出錯了。

後來在我發現我爸所寫的字句，並沉浸其中時，我就下意識決定要治癒自己並採取行動——因為說實在話，我不能再這樣過下去了。

我開始遵循所有接觸過的書籍、聽過的建議與可能的途徑。雖然這些東西都沒有清晰的條理與目標可言，但我還是留在心裡，因為我的健康就靠它們了。而我也以一種能夠持久前進的速度繼續行走。

接著我開始治療自己，人生的方向也漸漸開始在我眼前浮現。我開始再度清晰的向前邁進。一段時間過後，我決定接受挑戰，管理我父親李小龍的遺產，算是將我的療程進一步體現在我的生活中。

雖然我不一定要做這件事才能痊癒，但我覺得它在召喚我，而我現在才開始完全領略與理解，該怎麼以深層心靈來冥想——不只是要思考，還要用心感覺。這是更高層次的感知，需要花時間。你必須既溫和又堅定，握住你自己的手，然後持續拉著自己前進。假如有別人也會握住你並拉你前進，就向他們求助吧。

這些事情都需要一定程度的誠意與對自己的承諾。還記得我說這一定不容易吧，但讓這些「療程」成為生活方式的一部分，就會變得更簡單許多。

熱情是喜悅的來源

我希望你的內心握有熱情。因為熱情是有意識的成長與療癒，所自然產生的副產物。當自己成功度過暴風雨時，你會先鬆一口氣，接著感到興奮。請像生火一樣煽動這種興奮感，讓它燒得更旺。

李小龍曾說：「熱情就像我們心中的神，而出於本能，我們會藝術的將它形塑為外在軀殼。」當我們熱情洋溢時，就會受到人生啟發：我們會處於喜悅中、我們會感到飢渴。假如你當下缺乏真正的信心，那就讓熱情取代好奇心，因為熱情會自然轉變成渴望，渴望參與、渴望嘗試，而這種渴望會引發行動，行動會產生活力，活力則會為你帶來極度喜悅與自信的時刻。

還記得李小龍二十一歲時寫給曹敏兒的信嗎？內容中他還寫了：「我感到自己擁有巨大的創造與精神之力，勝過信念、野心、自信、決心與願景。它結合了上述一切。我將這股支配性的力量握在手中，使大腦變成一塊磁鐵。」

你要領悟到自己手上握有巨大的創造與精神之力，這股力量就是你。你要怎麼引導自己成長與創造，全部由你決定。這股力量是等待你發掘的潛力，它是引領你走出黑暗的光。

我可以誠實的說，在哥哥李國豪過世二十七年之後，因為我曾深入審視自己的悲痛、治療自己的創傷，如今我已成為更好、更完整的人。我希望自己不必失去親人就能學到這些事情，不過損失中總有贈禮會浮現。

死亡就像一位嚴格的老師，教我們人生、教我們什麼是活著、一切事物有多麼短暫、有多少事物要衡量、負面態度與仇恨有多麼無濟於事。這些課題訴說著靈魂的永恆本質與恢復力、訴說著真愛與正直、訴說著放手與接受。這些課題引領我與你相遇，因為我已隨著水流遊歷。

沒有地方能讓人遠離這個世界、沒有酒館能讓人克服焦慮、沒有監獄能讓人贖罪。禪學不會告訴我們問題是什麼，它堅稱整個困境，都是源自於我們沒有意識到「問題其實不存在」。當然，這也意味著沒有解答……。

李小龍的人生哲學

- 除非我像蠟燭一般燃燒自己，否則我永遠找不到光。
- 你會因為逆境的打擊而更上一層樓，就像狂風暴雨過後，所有的植物都會生長。
- 我們總是處於變化的過程中，沒有事情是固定的。只要你心中沒有僵化的系統，你就能夠靈活的隨著恆變而改變。
- 假如你內心沒有任何執念，外在事物就會自己揭曉。
- 似水一般流動、像鏡子一樣面對自己、如回音那樣給予自己答案吧！

第八章

簡單，是對付任何問題的必備能力

高超的功夫並不代表要增加複雜度與花招，而是要排除它們，並變得極度簡單——就像雕刻師並非藉由增加東西來製作雕像，而是切掉不重要的部分，讓真面目毫無阻礙的揭曉出來。

在李小龍的「水之名言」中，有一段講到水倒進容器之後，是怎麼變成杯子、瓶子或茶壺的。這段話當然是在評論水的彈性——水可以迅速適應周遭的局面；但它也是在說明李小龍所謂的「活在空性」（living void）。這個概念是說，水會直接且立即的回應環境，並與之共創新局。水不必評估杯子是否適合自己、或該怎麼填滿杯子，它只是自然、立即且單純的就位。

電影《龍爭虎鬥》首映時，有一場由李小龍編寫、拍攝的戲，原先是被刪剪掉的，而在上映二十五週年之際，華納兄弟把這整場戲放了回去。這場戲中，李小龍與一位武僧並肩而行，武僧是他的師父，而師父正在向他提出問題。

武僧：我發現你在武術上的造詣，已經遠超過肉體能達到的層次。你現在的技巧已經是一種精神上的見解。我有幾個問題想問你，你希望學會的招式中，哪一招境界最高？

李：無招無式。

武僧：非常好。那麼你面對對手的時候，想法是什麼？

李：對手不存在。

武僧：何以見得？

李：因為「我」這個字並不存在。

武僧：繼續說。

李：優秀的武術家不會緊張，但有所準備。不多想，但也不做夢。會為任何可能到來的事態做準備。敵放我就收，敵收我就放。如果有機會出現，我不會「想著」要出擊，因為招式會自動施展。

「招式會自動施展。」這就是融入「活在空性」的意義所在——無論武術或人生。但讓我們退個幾步，先從對「空」的初步理解開始吧。

空就是空，對發生的事抱持開放態度

截至目前為止，我都把「空」說成一種心境——對發生的事情抱持開放的態度並處於當下，且不帶批判或預設條件的思考。還記得「無揀擇覺知」嗎？還有清空心裡的杯子？這就是空的第一個面向。

這種初級的意識是為了將你從天生的二元思考窠臼中（好壞、對錯）解放出來，以純粹眼光觀察事情，就好像它沒有其他牽連一樣。你真的不必試著做些什麼，只要接受、承認並感知每一刻發生的所有事情，包括任何你可能感受到的抗拒。

另一個看待這種「空」之面向的角度，是把放空的心靈視為誠實、真摯、正直與直率的心理姿態。為了敞開心胸迎接發生的事情，我們必須能夠對自己完全的誠實、真摯。我們必須正面迎向所有體驗，而且不帶偏見。

如果你可以完全處於當下，並誠實看待自己的體驗，就能夠開始真正研究它了。你會開始注意到什麼事情令你高興、你喜歡什麼，以及什麼事情令你失去興致、你不想要什麼。你能開始理解到阻礙在哪裡——抗拒的人事物、沒注意的細節、不斷重複的錯誤模式。

在這種心境下，你將會理解並看見自己有什麼執著的念頭、你的習慣與判斷、你在人際關係中如何互動與反應——但唯有對自己誠實、真摯，才有可能辦到這些事。

我可以裝出狂妄自負的樣子，然後沉浸在自以為是的感覺中，覺得自己很酷……但如果要誠實表達自己，而不是騙自己……我的朋友啊，這實在太難了。

一旦我們能夠停止騙自己，並真心誠意全然的面對自己，那麼我們截至目前談論與練習過的所有工具與概念，就會使我們準備好認識如何活在空性。

我稱它為「活在空性」，因為這種「空」並不會如黑洞般會把路上所有事物吞沒。它是一種昇華的、不費力的意識境界，而且生意盎然。在此處，你就是主動的接收者與感受者，而且在你接收它時，不會有任何阻礙。

李小龍用許多名詞來稱呼「空」，例如虛、無、無形之形等。他也用另一種名詞稱呼活在空性這種概念，那就是「無心」。他說：「無心並非不帶情緒或感覺，而是不讓自己的感覺被拘泥、阻礙——也就是不緊抓著自己的心。」

前面已經認識了開放之心、感知之心、誠實之心，現在又有了自在之心。這些「心」讓我們意識到自己的想法與感受，但不會困在迴圈裡（執著、煩亂、痛苦、困惑）。

> 一個人可能永遠無法專精一門技術知識，除非他排除所有精神層面的阻礙，讓心態保持流動，並不斷更新他學到的技術——而且必須是下意識的這麼做。

李小龍說的「精神阻礙」，是指「妨礙你流動與立即表達」的所有事物。我們要排除這些障礙，這樣就不必再被動反應，而是可以有技巧的主動回應外界干擾。

有些人習慣被動反應，也有人會主動回應遭遇的事件。被動反應無法真實的表達自己，當我們沒有留意自己的狀態與大腦，或是我們的自尊心作祟時，就會產生被動反應。主動回應則是有技巧的表達自我方式。更高層次的自我，會在此現身並主導一切，使我們能自然且熟練的做出選擇。

所以為了排除我們的精神阻礙，我們必須留意它們。我們必須留意自己的所有煩惱與制約，才能消除它們。李小龍請我們「培養一種不會停滯在原地的心靈，要持續不停的流動，超越各種限制與差異。」

我們不可能不再感受到限制或與他人的差異，我們只是決定別讓它們控制我們；保持清晰的意識，留意人生無盡的相互作用；排除精神的障礙、執著的想法、算計的心靈；不必比別人更好、也不必秀出體面的外表。我們就是我們——不歉疚的、真摯的、誠實的、完全的自己。

到達這種熟練的境界之後，你在說話與行動之前就不會預設立場了。你只要相信在行動的當下，就是最體現自我的自己。所有練習都是為了這件事——一個我們不必再停下來分析一切、不必再記得要假裝任何事情的境界。

正如李小龍說的：「你已學到的知識與技能，終究還是必須『遺忘』。這樣你才能自在的在『空』中浮動，沒有阻礙。」想像一下，在所有情況下都自信且自然的行動，會是什麼樣子？這就是個人力量、自由與表達的極致。那我們該怎麼做，才能達到這種層次的個人熟練度？

靈性養成四階段：部分、流動、空、截拳道

你可能覺得身邊有很多人對自己做的事或說的話「沒有多想」，可是他們在你眼中並不像是「人生大師」啊！那你可能是對的。

行為可分成無意識跟有意識兩種，為了應付從無意識到有意識、再到「虛」（既有意識又無意識）的進展過程，李小龍自創了養成階段。對他來說，養成階段共有四個，它們替他解釋了自我成長的過程。

一九六六年，李小龍又請李鴻新（幫他製作迷你墓碑的人）替他製作四塊匾額，代表他為自己以及截拳道定下的養成階段。這四個階段分別是：部分性、流動性、空、截拳道。

第一階段：部分性

我們多數人都是從部分性開始的，這是無意識的行為。在武術中，這階段的你是新手、菜鳥，對你來說，一拳就只是一拳而已（打個比方）。有人要你出拳，你之前沒出拳過，所以你就只是揮動手臂而已。

你沒有去想怎麼使出漂亮的一拳，就算你有想，你也沒有關於這個領域的專業知識

——你只是覺得「應該」要這樣出拳。它也是一拳沒錯，但並不優雅。這一拳帶有缺乏經驗、不受控制的粗野味道，而且沒有任何技術成分。這個階段是由一個破碎的陰陽圖騰來代表，既沒有內在的相關性，也沒有李小龍所謂的「奔向極限」。

若將這個階段套用在人生，就是想法、情緒與行動都沒有意識的時期。我們的處事方式，是對自己狹隘眼光中的「好壞」、「對錯」做出缺乏技巧的反應。當我們有防備心，不願意聆聽或考量別人的觀點或感受，那我們就處於「部分性」之中。

處在這個階段的我們，拒絕看見其他面向、經驗與方法。我們拒絕先相信

▲部分性，這階段的你是新手、菜鳥

任何人，或是沒考慮到他人對於截至目前的人生，有著自己的經驗與理解，就以我們的主觀想法妄下評論。我們拒絕看見自己內心的阻礙，而這些阻礙把我們困在固定的行為模式。我們被人生的波濤擺布，不知道何處是岸；我們只是不計代價的掙扎，試著將頭部維持在水面上。

第二階段：流動性

一旦我們承認自己（與所有人）都有許多事情要學，並開始精進自己，我們就達到了流動性階段。這是意識萌芽的階段。

在武術中，這個階段的一拳已經不再只是一拳。我們突然領悟到成功出拳的一切複雜細節，並開始訓練與修行以獲得技巧。我們逐漸意識到，出拳不只是手臂與拳頭的事情而已，漂亮的一拳牽涉到整個身體與感官。我們開始明白，為了漂亮出拳並擊中目標，我們必須處於最佳狀態，考慮周遭一切事物（出拳對象是誰？在哪裡？感覺如何？發生了什麼事？），並學會善用事物本質。李小龍稱之為「一個整體的兩半」，並以一個被箭頭圍繞的陰陽圖騰作為代表，展現出互補力量持續不斷的相互作用。

在這個階段，我們學會敞開心胸，且投入學習與精進自我，並發現自己的潛能是可以駕馭的——通常這時我們會既興奮又害怕。

我們承認自己的錯誤與阻礙，並透過修行、學習與成長來創造新的歷程；將流動性視為可能性，並把「平衡」與「完整性」當成真正的目標，因為我們已經開始看見，自己留心與努力所產生的成果。

處於流動性的人們會培養自己的工具，努力改變並真正理解自己，然後將此心得延伸至我們的人生，進而轉變成對於所有人的同情心。為什麼是同情心？因為當我們開始成長、並理解自己的極限，我們就會開始認識、接收到每個人所體驗的極限，並以全新的角度去感同身受。

李小龍早年的流動性是斷斷續續的，他真正達到這個階段，是在奧克蘭

▲流動性，你學會了技術，學會敞開心胸

那場比武之後。當時他刻意擺脫僵化的訓練，並以嶄新的眼光看待自己與自己的武術。經過這次轉折後，他才真正開始改進、表達與延伸自己。

他開始深入考慮該怎麼做，才能變成更完整的武術家與人類。他深入鑽研各種類型的格鬥、健身、營養與哲學，同時精進自己的理解力與技巧。然後他會訓練、發現，並將這些事物融入自己的人生。

在流動性的階段中，我們會看見人生是豐富且多變的，所有問題都不只有一個解答。我們會使用許多工具，並開發更多工具。我們變得更有創意與表達力，且開始能夠擁有流動的時刻，以及想要持續流動的渴望。我們學會如何接受恆變的人生本質，以及如何善用它，而非對抗它。

第三階段：空

這是「活在空性」或是「無形之形」的階段，李小龍用一個空的黑色方塊將它銘記在匾額上。

在這個階段中，意識與無意識開始合而為一。沒有兩半，只有完整。拿武術來類比，當我們抵達第三階段、也就是「空」的階段時，一拳再度只是一拳——這表示我們的技巧已經非常熟練，因此我們不必再思考怎麼出拳、出拳牽涉哪些要素、甚至什麼時候出拳；

現在我們只要出拳就對了。但這一拳是熟練的一拳——兼具技巧與自發性。

我的摯友兼同事克里斯（Chris），給了我一本小說——吉川英治的《宮本武藏》，翻譯者為查爾斯·S·泰瑞（Charles S. Terry）。這本書介紹了十七世紀日本武士宮本武藏的真實生活——《五輪書》就是他寫的（李小龍的書房也有收藏這本書）。小說中有一段話，我覺得非常精妙的捕捉了「活在空性」的精髓：

> 他的計畫如光線般閃現在腦海。這個計畫並非從兵法的理論推演出來的——儘管大部分老練戰士的直覺素質都是由此構成。推演攻擊模式是一種過於

▲空，你已能熟練的「自然」使出招式

拖延的過程，在速度至關重要的局面中很容易敗北。戰士的本能不會與動物的本能混淆。它來自智慧與紀律的結合，就像發自內心的反應。它是一種超越常理判斷的終極推論，也是一種無需經過思考流程、瞬間準確出招的能力。

還記得本章開頭，與武僧的那場戲嗎？李小龍說招式的最高境界就是「無招無式」。或者正如《宮本武藏》裡寫的：立即行動的過程，並不是從兵法的理論或技術推演出來，而是成為一種反射能力，可以在瞬間準確出招，不必經過思考流程。這種招式結合了戰士所獲得的智慧與紀律。

它從「空」中浮現，這裡沒有「我」，也沒有對手，只有眼前這整個事件，以及為了回應這個事件所做的反應。換言之，招式會自動施展！這就是水之修行的最高境界。

到了這個成熟的階段，已經沒有事物可以限制你了。你就站在可能性的中心，有能力往任何方向移動。**這不再是戰術上的準備就緒，而是瞬間表達出自己對外界的完全觀察。**

此處的「空」不只是不帶批判的律己心態，而是一個環境，讓你能夠運用智慧與本能，與當下這一刻攜手共創新局，既流動又無法阻擋。在這種「空」之中，我們與它是一體的。

為了理解這段達到「空」之階段的過程（以及在我們繼續邁向第四階段之前），我們必須更仔細觀察達成目標的技巧。

為了達到真正的流動，你必須「縮短間距」

在武術中，有個概念被稱為「縮短間距」。簡單來說，間距就是你與目標或對手之間的空間。能夠最有效縮短間距、而不讓自己被傷到的人，就是技巧比較高超、或功夫比較強的人。

你必須具備許多能力才能把這件事做好：很高的機動性——能夠往任何方向移動的快速步法；很高的敏感度——藉由完全處於當下、積極回應外在環境的細微變化，來判讀對手與其動作；很會抓時機——能夠找到可以輕易趁虛而入的空隙；極高的理解力——能夠用上所有經驗；你還要有很高的自發性——能夠瞬間出招而不必提前想招式。縮短間距應該是一種「招式本身」與「招式動作」之間的無縫相互作用。正如李小龍說的：

為了達到招式的一體性與真正的流動，各招式之間的間距應該要縮短。

可是我們要怎麼將這個概念應用在生活上？我們要試著縮短什麼間距？在武術中，我們試圖縮短自己與對手之間的距離，而在生活中，目標就是我們所有的互動對象，像是夢想、關係與工作。

我們希望將武術中縮短間距的能力，用於縮短生活中的距離：培養機動性技能——能夠正視問題，並透過各種角度、方法，快速度過難關；敏感度技能——能夠藉由理解發生了什麼事，知曉自己的感覺與需求，來回應任何情況中的要求；抓時機的技能——不但能夠引導自己的衝勁，還要在最佳時機發揮它；理解力技能——審視並從過往經驗中學習，這樣我們就能將獲得的智慧運用在當下的情況；自發性技能——能夠完全自然且即刻的，以最有效益的方式行動，不必因為想太多而停滯不前。

請注意，這個間距就是「空」的所在。事實上，它也是「現實」的誕生地。這一刻會有抉擇出現，無論多麼小。

在這狹小的間距中，有著決定、行動、反射、思考的一刻。這個空的間距，就是意識與無意識的交界點，有時我們在間距中做出有意識的抉擇，有時卻又因為下意識的制約與接受過的訓練，而做出無意識的反應。

我們的抉擇通常會受到時間多寡影響——時間很多的話，我們就可以更刻意、有意識一點；沒時間的話，我們就會採取下意識的行動。但假如我們越努力練習怎麼快速抉擇、調節自己的潛意識，那麼無論我們有多少時間，間距都會變小。因為我們已經學會如何藉由本能來做出正確行動。

只要你願意，就可以善用這個間距。無論它有多小，你都可以輕鬆且自信的選擇回應方式，或者可以透過練習來調節並滋養潛意識，這樣當你做出無意識的回應時，這個回應依舊是輕鬆且自信的完美表達方式。假如這個間距小到宛如澈底消失呢？這就達到了「無縫性」，也就是真正的流動感，我們就能在如此的一體性當中行動。正如李小龍所提醒：

所有招式都是出自於「空」。「空」的這種動態面向被稱為「心」，而「空」是真摯的，所以沒有欺詐、沒有自我中心的動機，只有真誠與直率，使它與招式之間毫無間隙。

我們的目標在於練習縮短「感知」與「實作」之間的間距。我說「感知」而不是「思考」，因為傳統上「思考」意味著「分析之心」，並不包括直覺、本能、感受與潛意識。截至目前為止，我們探討過如何將全身發展成感知器具，使它與心靈並行。而現在，我們要來看看怎麼縮短感知與實作之間的回應時間，讓思考與行動成為一體的表達方式。

我們的目標是希望招式不要錯位，而要有流動的連續性，就像永恆流動的河流，沒有任何一刻是停歇或靜止的。

我們該怎麼辨到這件事？這個嘛，操作手冊必須由你自己寫，每個人都不同。透過所有練習與發現，你應該已經發展出一種最能幫助你的感官。李小龍說：「洞察力就是通往真相的途徑」，但這種洞察力沒人能給你，你必須自己去發掘。它來自毫不費力且柔韌的意識，你可以藉此立即行動——因為你已經充分理解自己，也因為你願意全然的活著，並且支持自己的行動。

自由是無法預想的，想實現自由就需要隨時留心。這種心靈深藏能量，足以立即產生知覺的境界，既沒有漸進的過程，也沒有必須抵達的終點……講到這裡，許多人會問說：「那麼我們該怎麼做，才能達成這種無限的自由？」我無法告訴你，因為講了就會變成一套僵化的方法。雖然我可以告訴你別做什麼事，但無法告訴你該做什麼。我的朋友啊，「該做什麼」你必須自己去找！

這種自由感來自於學會如何在人生中毫不費力的流動。我們的心力要應用在訓練與精進自己，這樣才能變得更完整。且在自己逐漸成長的過程中，要積極回應並參與充滿可能性的嶄新人生。

我們必須停止多想，順其自然。我們都有「在特定時刻就是知道該做什麼或說什麼」

的經驗，這種感覺既舒服又自然，而且在整個關係互動的過程中，會散發出熱情和輕鬆的感覺。場景可以是與人對話、推銷會議、網球場甚至打鬥中。而只有清楚的看見全局，才能熟練的保持冷靜。

以更少為目標——學習雕刻師，切掉不重要的部分

「空」這個概念的挑戰處在於，它很容易理解，卻很難實踐。我很喜歡李小龍對於「簡單」（simplicity）的描述。他說：「**『簡單』就是用來對付任何問題必備的高度洞察力。**」空？很簡單，就是每一刻都要完全處於當下，並明智、積極的回應。可是這實際做起來好難啊！這個概念很容易傳達，但在實作時卻很難領悟這種「簡單」，好像要花費很多心力去練習。

一開始，你要努力將「簡單」的概念融入可以自己採取的方法中，無論你多麼熟練，都不可能每次都做對，但我們要拋開「對錯」的觀念。錯誤是我們可以感激的對象，因為假如我們沒「做錯」，就學不到東西。學不到東西，就無法拓展到下一個人生層次。所以別在練習之前就停下腳步。努力練習就對了。

當我們拆解「一體性」這個概念時，可能會被各種細節嚇到不知所措——既要有觀察力又要完全投入，要處在當下還要感官敏銳，要自然回應又要追求夢想，還有要了解自己又要忘記自己。救命啊！所以我建議你還是別一開始就想著拆解，做就對了，然後再練習、試驗。

與其試著「更多」，不如以「更少」為目標——更少阻礙、更少區隔、更少自尊。**隨著時間經過，「更少」會變成「更多」**——更平靜、更健康、更完整、更真實。

李小龍通常都把「成為真實的自己」的過程比喻成雕刻。我們是一塊石材，與其試著增加更多石材來製作我們的雕像，我們更應該把多餘的地方切掉，並展現其中埋藏的藝術。我們每鑿掉一片石頭，就更加揭曉真實的自己。他也將這種比喻用在武術上：

> 高超的功夫並不代表要增加複雜度與花招，而是要排除它們，並變得極度簡單——就像雕刻師並非藉由增加東西來製作雕像，而是切掉不重要的部分，讓真面目毫無阻礙的揭曉出來。

「讓真面目毫無阻礙的揭曉出來」——這就是我們追求的目標。而對我來說，我們的「真面目」等於我們的「靈魂」。在李小龍的世界中，養成的最高境界，就是從「有經驗的人」（能夠稍微從旁評估經驗）變成「經驗本身」。當你就是經驗本身，就不必花時間去評估了——就只有經驗而已，它就是那個樣子，而我們就處在它之中。這就是變得完整、這就是一體性。當我們開始流動，就會發生神奇的事情……。

一、你的步調會變快

許多人參觀李小龍的書籍與著作檔案室之後，都很驚訝這個只活到三十二歲的人，居然留下這麼多作品，而且當時他還要拍電影、教課、養家。他怎麼可能如此多產？因為他活在「空」之中，並沒有卡在間距裡。當你沒有卡在間距裡，你的步調就會大幅變快。

李小龍創作與做事情的步調很快——但並不是在急躁或高壓力的狀態之下，只是很即時（或者說很自然）。他能夠熟練的將想法轉化為行動（多虧了他的武術修行），而這也成為他的習慣。

當他有新想法，就會立刻執行。當然，並非所有想法都是好的，但假如你能夠快速執行並刪掉壞構想，就一定能更快得到好點子。目標不是要失敗，而是要「失敗得更快」，這樣就能實踐從失敗中學到的教訓，並更快成功。

我們有多少人是有事情想做，卻一再拖延的？想想看，你會不會突然有個想法，甚至像是「我要去洗碗」這種小事，但你就是沒有去做。後來你會怪罪自己還沒洗碗，或者你每想五次才起來做一次，而當你在做的時候，你會覺得有點煩，因為你把事情留到自己很累的時候才做，現在的你只想去睡覺。

現在想像一下，你想著「我要洗碗」，然後就去洗碗。做完了，換下一件事。沒有時間浪費在多餘的想法上、或是怪罪自己——這份差事（還有你自己）不再充滿使你停滯不前的負面感受。

現在將這個例子應用在更大的事情上。你心想：「我一直想寫小說。」當你有這個想法時，你會充滿好奇與熱情。但假如在這個想法之後又有其他想法浮現，例如你可能覺得自己文筆不好、沒時間、或突然發現這個主意有多荒謬（畢竟你不是作家）。

此時的你像被困在深谷中，四周卻連一座破橋都沒有。不過若你願意先拿起筆、或打開電腦將構想記下來，或者報名網路上的寫作課，你就不在谷底了，你已經跨過去了。

無論你是否要（能夠）寫完整本小說，你已經開始有事情可忙了。而你現在必須決定要花多少心力來執行它，或許要花五年、十年，但你猜怎樣？假如你落入思考與行動間的間距（也就是黑洞的那種「空」，不是會跟你共創新局的「空」），你就永遠不會開始，這十年你只會浪費許多時間與精力，心情鬱悶的苦思著那本根本還沒寫的小說，然後還是寫不出來。

我們來看看不同的例子。你正在跟一個剛認識的人聊天，然後你心想：「我真的很喜歡這個人，跟他在一起令我感到很開心。」但你並沒有表達出來，只能在事後責怪自己。現在這個人不知道你對他的感受，你錯過了拉近關係的機會；或者你已在當下（也就是間距之中）放棄表達自己。我不是說所有想法都要表達出來，但假如你覺得內心深處有話想說，那就練習誠實的、大聲的、即時的表達自己吧。

你該怎麼知道內心的表達方式？首先，你別問我。自己做實驗、自己搞懂吧（請參考前面的章節）。你有時可以選擇表達、有時不表達，看看怎樣感覺比較對。如果你都不表達，這個想法就會一直在腦海浮現，它很想「被表達」，所以你必須決定適當的表達方式。

注意你身體的感覺，如果你覺得身體很輕盈、精力充沛、振奮，那就跟著這個感覺走。假如你的身體感到束縛、沉重或精疲力竭，那就想出辦法彌補、表達與消除這種感覺，但別因為錯失機會或鬧情緒就裹足不前。只要學會讓行動變得正向、不受限，你很快就能用更少的時間達成更多事情——等你回頭一看，一定會被自己的進步程度給嚇到。

二、你會覺得自己很強大

當你縮短間距、活在「空」之中，還會發生另一件神奇的事，就是自我賦能。你開始覺得能夠主宰自己的命運，你是就是船長。你的外在表現開始符合真實的內心——這意味著你的想法與行動是一致的。

你能在所有場合下真實且積極回應的自己；你不再需要為了迎合別人而帶上小心翼翼的面具，或隱藏真實的自己。這種感覺很好，你會更有自信、更能掌控人生。這剛開始可能會有點可怕，但當你完成心靈大掃除、開始為自己的想法與行動負責，就會讓某件事物變成熟，而這件事物叫做「真」（authentic）。

人就是自己靈魂的船長，自己人生的主宰。那該怎麼領悟這件事、進而改變行為？你要來真的。接受自己的責任吧。

美國詩人卡明斯（E. E. Cummings）有一句名言我很喜歡：「成長與做真正的自己都需要勇氣。」這是真的，完全表達自己的行動與選擇、並且為此負責，是非常嚴肅的成年人態度。但我經常發現，無論什麼情況，一個人如果很真、為自己負責，其他人就會非常欣賞他——如果這個人還很好相處，那就更棒了。

這不只對別人來說是好事，對自己也是好事。沒錯，這很辛苦、甚至很痛苦，卻會令人活得很真實。而真實才能讓你感受到能量與完整性。

如果你能清楚溝通並為此負責，那會是什麼樣子？如果你能從相互依賴中解放、自立自強，那又會是什麼樣子？你能關愛他人與保持誠實嗎？你有真心與愛心嗎？當你充滿自信與同情心，能夠即時發自內心的說話與做事，感覺會有多強大？

李小龍說：「人生中的每個局面，都有它發生的原因——模式與控制方式都是由自己決定的。」模式與控制方式都是由你決定的——你有能力掌控局面，真正審視自己，接著有意識的與自己本身、自己的人生合作。而你必須決定該怎麼做這件事。

方法沒有對錯，只有你負不負責任而已。而負責就是賦予自己自主權。隨著你多練習，你會越來越不害怕、越來越自然，也就越接近「空」的境界。你會逐漸以自己的「根」來運作自己。

根是支撐靈魂表達的支柱，根是所有自然表現的「起點」。如果根被忽視了，從它生長出的事物就不會井然有序。

井然有序且根深蒂固的靈魂，會長出穩固又真實的人生。當你沒有辜負自己的心以及靈魂的真，你會變得謙遜，而且不需要外界的認可，因為你知道自己是誰，不需要別人告訴你。

活在空性之中，你能夠真實、有創意且自信的躍過所有間隙，它會令你覺得自己很強大、完整，足以辦到這些事情。

三、你會更有安全感

當你活在「空」之中，感到完整、真實、流動，你就會開始有安全感。我說的安全是內在的安全——感覺你可以相信自己、照顧自己、捍衛自己，無論跟誰相處、遇到什麼事情，都能平安無事，而且不必害怕做自己。

當你的努力變得自然且有目標，你不必證明自己有理、不必預設立場、不必操縱局面或人際關係，就能確定別人對你有好感。本來你可能覺得做這些事情，是因為它們會令你覺得開心、強大，而且還很聰明，但你之所以這樣做，多半是因為你覺得自己不開心、不強大。當你覺得不開心、不強大，也就會感到害怕、不確定、不夠格——沒有安全感。

這種不安的感覺是一種強大的驅動力，驅動你做任何事情擺脫它。但真正的戰士（正面應對人生的一般人）不會從外界尋求安全感。他們會努力培養自己內在的安全感，而這種安全感來自努力理解自己，以及適應變化與未知。

假如你腦海裡的戰士，是一位英勇且抱持決心上戰場的人，請將以下的想法放在心裡：「無論人生給他什麼考驗，他都帶著優雅與決心，勇敢的承擔」、「不會逃避挑戰、不會拒絕承認自己的缺點」、「不只追求理想的形象，也追求理想的靈魂」。這才是人生的戰士，這才是真英雄。

順帶一提，戰士也會害怕，但不會感到不安。因為他們擁有工具、技能與自信足以解決問題，或者優雅的接受失敗；他們知道自己正在與人生（以及周遭所有人的人生）共創新局。他們知道何時該選擇行動、何時又該退讓；他們的能力深植於心，所以他們可以敏捷的越過間隙，並堅定的步入「空」，無論眼前是美麗的溪流或猛烈的暴風雨，他們都會採取行動。

這麼說好了：我不怕眼前的對手，我自信十足。他們奈何不了我。那麼，該戰？還是該做什麼？我早就想好了。就這樣啦，朋友們……。

朋友們，接下來就是第四階段了。

李小龍的人生哲學

- 一個人可能永遠無法專精一門技術知識，除非他排除所有精神層面的阻礙，讓心態保持流動，並不斷更新他學到的技術——而且必須是下意識的這麼做。
- 培養一種不會停滯在原地的心靈，而是持續不停的流動，超越各種限制與差異。
- 你已學到的知識與技能，終究還是必須「遺忘」。這樣你才能自在的在「空」中浮動，沒有阻礙。
- 招式的最高境界就是「無招無式」。
- 「簡單」就是用來對付任何問題必備的高度洞察力。
- 與其試著「更多」，不如以「更少」為目標；隨著時間經過，「更少」會變成「更多」。

第九章

颶風最平靜的地方，在它的中心

研究自己的經驗，拒絕沒用的，接受有用的，
並加上真正屬於自己的。

李小龍的最終養成階段，就是他研創的「截拳道」。以武術來比喻，你的一拳已經不只是既熟練又自然而已（這是第三階段），而是你自創的。它充滿你極為真實且獨特的表現方式。

永遠不會有另一位李小龍，為什麼？第四階段已經說明一切——它要求我們成為最原本的自己。只有李小龍可以達到他的第四階段，也只有你可以達到你的第四階段。

李小龍就是非常做自己，所以沒人能真正模仿他。他的動作、聲音、說話方式、字跡、肌肉，全是「純手工」——自己花費心力打造的。他並不想打造自己在別人心中的形象，他只想做自己，而他也做得非常漂亮。我覺得這就是我們觀察他時，所感受到的事物——他似乎達到「自己」身為人類的最高境界，感覺既非凡又令人激動。

最終階段：截拳道——最原本的自己

李小龍的最終階段（第四階段）對他來說，不只是一個武術體系的名字而已。事實上，他非常不想把這個概念稱為「體系」或「流派」，因為這些字眼很容易讓人產生區隔與限制。他甚至還表示，假如大家對「截拳道」這個名字太鑽牛角尖，爭論它是什麼與不是什麼，

▲截拳道，真實的表現出自我

那乾脆讓它澈底消失，因為它沒有要限制或區隔練功者的意思。

截拳道其實是李小龍最直接表達自我的方式。它反映了李小龍的靈魂，讓大家得以看見。這是他盡可能將自己的本質體現在肉體上的結果。截拳道的確反映了他對武術的表達，同時也包含了他對人生的態度。正如他說的，他學到的所有人生道理，都是透過武術而來。

截拳道的意思是「攔截拳頭的方法」，只要稍加思考一下，就會知道它為什麼能完美表達我們的主題。對我來說，這個名字既漂亮又簡潔的揭曉了「縮短間距」的概念。拳頭不只是攻擊，還會攔截、回應，它與自己的本質聯繫。它是活的，從「空」之中被引導出來，再與現實產生直接的相互關係。

李小龍打造的第四塊（最後一塊）匾額，代表他個人的完全自我實現階段，上面有陰陽圖騰以及圍繞的箭頭，跟流動性階段一樣，不過外圍還加上了他的格言：「以無法為有法，以無限為有限。」這就是水的本質——永遠在找自己的路，沒有限制。

請記住，「活在空性」代表我們一切表達皆由自己而生。理解「空」並與它合作是很重要沒錯，但我們本身才是體現空性的關鍵。所以第四階段的重點就是自己——你就是自己人生、內心與靈魂的表現。

思考一下這會是什麼感覺，你會想到什麼？對我而言，老實說，我還沒完全弄懂。我是大器晚成的人，但我為它預留空間，讓自己能對它更清楚，同時我也緊握自己已經清楚知道的事物；隨著日子經過，藉由練習越來越多的技巧，將這些事物從內心表達出來。李小龍有一句關於啟蒙的名言：

為了獲得啟蒙，我們不應該先著重於培養特定部分、再融合為整體，而是要先著重於整體、再深入特定部分並將其統一。

對我來說這句話的意思是，如果要獲得整體性與完整的個人潛力，我們必須由內而外努力，而非由外而內。我們不必將所有時間花在外在事物上、讓自己的人生看起來很喜悅、平靜與強大。剛好相反，我們應該要努力讓自己喜悅、平靜、強大，然後將這些心境貫徹到我們正在做的、想要的、表現出來的事物。

換言之，不要將所有焦點與精力放在你的職涯上，以為你總有一天會滿足與快樂。請努力讓自己滿足、快樂，然後將其實現在你的職涯與餘生吧。

這樣一來，我們的人生就能反映出真正的自己，沒有虛假。這樣當我們行動時，就不必掙扎半天才知道該做什麼。我們已經確定什麼事情是重要的，以及我們想要什麼，而且無論情況如何，我們都會致力追求它們。

那麼李小龍如何展現他對重要事物的承諾？

自我實現之作，《龍爭虎鬥》

泰德．艾希利是李小龍的學生，也是當時華納兄弟製片廠的老闆。華納兄弟本來想讓李小龍主演一部影集（《功夫》〔*Kung Fu*〕，最後是由白人飾演中國人），也曾經考慮發展先前李小龍與作家史泰靈．薛立芬的企劃──《無音簫》，並讓他與好萊塢影星詹姆士．柯本（James Coburn）主演，但最後都不了了之。

不過李小龍離開好萊塢、改到香港發展後，每部電影都打破票房紀錄，華納兄弟內部支持他的人，終於明白他們必須說服製片廠，與李小龍合作拍電影。

《龍爭虎鬥》對李小龍來說，就是夢寐以求的機會成真了——由他主演的好萊塢電影。話雖如此，好萊塢還是用「雙主角」來宣傳這部片，以免他們賭錯人，而也有一部分是因為當時的美國觀眾很排外，有很多偏見與擔憂。

但李小龍倒是不擔心，他知道自己很有料，只是其他人不知道而已。他準備要盡量善用這次機會，達成他的目標：讓中國功夫在西方世界發揚光大，並以「如假包換的中國人」的螢幕形象來表現自己。

只有一個問題：劇本太爛了，爛到李小龍堅持要開除編劇並叫他滾回加州，而他會拚命把大部分的劇本寫完。當然，片廠不會聽他的話，他們繼續把編劇留在香港，還一直微調片名，起初叫做「血與鐵」，後來又叫做「漢之島」，實在很有創意。

此外他們還騙李小龍，他們已經請編劇回洛杉磯了。最初的劇本並沒有流傳至今的經典場面、沒有「用手指著月亮」、沒有「不戰的戰術」、沒有與武僧探討「熟練」真正本質的哲學場面——「我不會出招，因為招式會自動施展。」

偏偏這是對李小龍來說最重要的一場戲，因為這部電影要準確且深度反應他的武術與文化。他想在此刻告訴世人他是誰，以及一個中國功夫高手的能耐，所以他不甘於平凡。

於是他重寫了劇本，然後將這份劇本交給製片。

此外他也為了片名與片廠爭持不下。他的中國藝名叫做「小龍」，而且這部電影是他的好萊塢處女作。「龍爭虎鬥」聽起來既威猛又具體，比「血與鐵」或「漢之島」好太多了。他寫了好幾封信給華納兄弟，請求改片名：「請仔細考慮『龍爭虎鬥』這個片名吧。我真心覺得這名字很棒，因為『龍爭虎鬥』意味著某個強者要現身了。」他的「某個強者」指的當然就是自己！

最後片廠終於屈服於這個請求，同意改片名。李小龍拚命訓練自己，並持續修改劇本，讓它盡善盡美。他的製片公司「協和電影公司」，成為本片的香港製片商（不過李小龍沒有掛名製片），而且他還擔任全片的武術指導。他日以繼夜的工作，盡可能善用他得到的機會。他要將「李小龍」呈現給世人。正如他寫給泰德．艾希利的信：

我相信你會同意我所說的話：品質、極度努力、專業，就是電影產業的關鍵所在。過去二十年的武術與演戲經驗，我已經成功將真實、有效、巧妙的表現方式融入我的表演之中。簡單來說，這樣才是對的，沒有人比我更清楚。請原諒我，但我講話就是這麼直！你也知道，我一直很想拍出世上最「屌」（請原諒我的粗話）的動作片。拍完之後，我會將自己的心獻給你，但請你別只是點頭致意。作為回報，我，李小龍，將永遠對你的積極參與深懷感激。

開拍的日子終於來了，香港劇組與美國劇組都在現場準備開拍，還有幾位翻譯人員在現場協助兩個劇組溝通。但李小龍卻沒到場——應該說，他拒絕到場。我想你應該猜到原因了——最終定案的劇本已經提交，而且沒有加入李小龍寫的部分。他修改的部分都沒加進去。

或許有人會說，此刻李小龍應該照著片廠的意願去拍，然後希望這部片賣座之後，足以給他下一次機會，之後他或許就有更多創意的主控權——用腳先卡住門，然後利用隨後的企劃再把門越撐越開。

但李小龍已經在好萊塢試過了，他知道這樣做沒有用。他知道假如自己沒有堅守立場，就會一再被「更懂」的人給邊緣化。

於是僵局就開始了。

劇組開始拍攝跟李小龍無關的鏡頭，而他則待在家裡，拒絕來到現場，直到劇本改掉為止。製片會來家裡試圖說服他。不過李小龍說劇組有他想拍的劇本，假如他們採用那份劇本，他會很樂意現身的。

然而製片開始編故事，聲稱李小龍很擔心自己演好萊塢電影會失敗，所以他才害怕現身。在他過世多年後，《龍爭虎鬥》的製片佛瑞德．溫特勞布（Fred Weintraub）在著作中編造李小龍被嚇到六神無主的謠言，令我媽與我的家人感到極度厭惡與沮喪。

李小龍才不怕這次機會。事實上，他是唯一領悟這次機會的整個本質，並知道它可以怎麼發展的人。而他寧可告吹，也不想浪費它來做一些半吊子的東西。他知道自己只有一次機會在世人面前登臺亮相。當時，他的太太（也就是我媽）勸製片與導演要多留心：「他知道自己在說什麼，你們應該聽他的。」

僵局持續了兩週。隨著時間經過，不需要主演與武術指導的鏡頭都拍完了。劇組沒事幹，對片廠來說是極大的成本。演員與劇組之間的氣氛很緊張。製片開始感受到華納兄弟的壓力，必須讓製作流程重回正軌，而要辦到這件事，只有一個方法。

製片最後還是接受李小龍的要求。他們照我爸的意思修改劇本，並同意拍攝他心目中的電影。

幾年後，當我問我媽，我爸真的寧願失去這次機會，也不屈服於對方的需求嗎？她毫不遲疑的回答：「那還用說！」李小龍堅守立場，忠於初衷。他完全發揮自己的表現力與處世之道，因為他知道這對自己很重要。正因為他忠於自己的初衷，他才會成為強勁的旋風，永遠改變他周圍的風景。

後來《龍爭虎鬥》成為全球賣座電影，而李小龍也穩坐了武術界的偶像寶座。

〈我的心路歷程〉，寫下來是實現夢想的第一步

多虧李小龍勤奮的寫作過程，我們得以真正知道他最後一部電影開拍的一、兩個月前，心裡在想什麼。一九七三年初，李小龍正忙著拍攝他的電影《死亡遊戲》（*The Game of Death*），而在好萊塢電影中演出，這件事他也等了好幾年。同時他已和片商談好，會暫時擱置《死亡遊戲》，先追求他的夢想——成為東方國家出身的好萊塢動作演員，最後這個夢想實現了，就是《龍爭虎鬥》。

就在此刻，他人生中最忙、最有前景、最重要的時期（而且剛好在他過世前沒多久），李小龍打算寫一篇文章，並取名為〈我自己的心路歷程〉。這篇文章沒有寫完。不過他有留下幾份手稿，看起來像是宣言之類的。他宣告自己的身分，而且似乎急著想透過寫作，來表達他終於知道的重大真相——關於他自己與人生。

> 我正在準備下一部電影《龍爭虎鬥》，它是協和與華納兄弟共同製作的；此外還有一部協和製作的《死亡遊戲》，只拍完一半。我最近很忙，而且情緒五味雜陳。

他似乎必須把心裡的話吐出來，或許這也是能量過多的結果。當事情開始變多、變忙的時候，能量就會擴大，也就會有更多創意急著想表現或傳達；或者他強烈感覺到時日無多；或者他本來就是這個樣子。無論如何，他是個即將實現遠大夢想的人，並感覺到必須集中與表達自己。

另一個不尋常之處是，這些手稿似乎寫得有些激動，上頭有許多劃掉與插入的字句。李小龍平常漂亮的字跡，在此處被犧牲了，因為他急著想說出極為重要的事情。

在我心裡對於「李小龍」這個人最真摯且誠實的想法是什麼？誰是李小龍？他要邁向何處？他希望發現什麼？喔，我不是來告解的，但我想誠實的說出來——這是一個人至少該做到的事。基本上，我一直都是因為自己的選擇而成為武術家，並因為專業而成為演員。但最重要的是，我希望能實現自己，成為人生的藝術家。

這些文字充滿遠見與渴望，它們在李小龍人生的關鍵時刻，是非常及時的提醒與重要工具。李小龍似乎在提醒自己要記得他是誰、他想要什麼，以及什麼事情是重要的，這樣他就能在即將到來的時刻，忠於自己與他的根。他說：「最重要的是，我希望能實現自己，成為人生的藝術家。」這是最重要的。

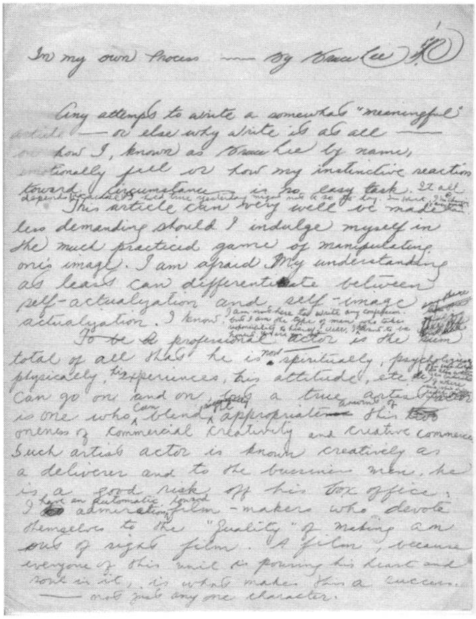
In my own Process —— By Bruce Lee

Any attempt to write a somewhat "meaningful" article — or else why write it at all — on how I, known as Bruce Lee by name, emotionally feel or how my instinctive reaction toward circumstance is no easy task.
This article can very well be made less demanding should I indulge myself in the much practiced game of manipulating one's image. I am afraid my understanding at least can differentiate between self-actualization and self-image actualization. I know,
To be a professional actor is the sum total of all that he is spiritually, psychologically, physically, his experiences, his attitude, etc. etc.
can go on and on, but a true artist is one who can blend appropriately this oneness of commercial creativity and creative commerce.
Such artist actor is known creatively as a deliverer and to the business man, he is a good risk off his box office.
I have an automatic admiration toward film-makers who devote themselves to the "quality" of making an out of sight film. A film, because everyone of this unit is pouring his heart and soul in it, is what makes this a success — not just any one character.

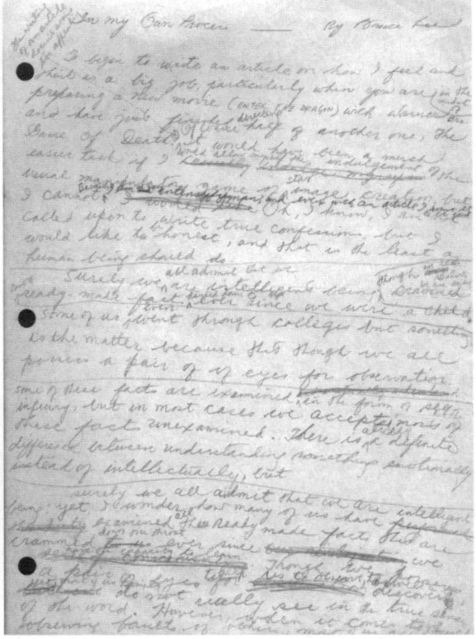
In my Own Process —— By Bruce Lee

I began to write an article on how I feel and think as a big job, particularly when you are in the ...

▲李小龍的親筆手稿，〈我的心路歷程〉

這就是我們旅程的方向：理解自己能夠有多麼大的表現力，以及多麼大的成長與影響，而這些都源自於我們的根。

到了第四階段，當我們生根、對自己與目標有絕對的信念與信心，那我們就自由了。自由選擇、自由創造、自由表達立場、自由活著——無論局面與情況如何。雖然這可能不容易辦到，但我們選擇承擔如此困難之事的目的，就是為了要獲得自由。

《龍爭虎鬥》是電影製作方面的一大成就，但並非因為它是一部很棒的電影。劇情既沒亮點又老套，還充滿七〇年代的俗氣（雖然這種俗氣很讚！）。《龍爭虎鬥》之所以這麼具有代表性，是因為李小龍在片中就是李小龍，並將本片當作實現偉大願景的載具。

在幾個月前寫下的〈我的心路歷程〉草稿中，李小龍說：「我滿開心的，因為我每天都有成長，而且老實說，我也不知道自己的極限在哪裡。可以確定的是，每天都有我能夠獲得的啟示或新發現。不過，我還沒得到最大的滿足；我想聽到別人說：『哇，這傢伙是來真的！』」

當你欣賞《龍爭虎鬥》時，就會看到上述這些事物。你會看到一個自我實現、自我表達、自信、光芒四射的人，投射在螢幕上，同時他的精神也會深植於你的腦海中。突然間，所有的可能性都成真了，這實在很迷人。雖然「龍」是在神話中出現的生物，但撇開功夫，欣賞李小龍展現出的藝術，真的就像在看著一尾活生生的龍在空中翱翔。

我如何成為「我」？你必須找到根

聽起來或許很矛盾，但你如果想飛、想要真正的自由、真正的表達自己，你必須先真正生根、先穩固自己。請記住李小龍說的話：「根是支撐靈魂表達的支柱，根是所有自然表現的『起點』。如果根被忽視了，從它生長出的事物就不會井然有序。」

這句話的主旨是理解自己、練習與發展你的技能。其目的在於讓你理解與實現潛力，既知道何時該刻意堅守立場而不帶惡意，也知道何時該任由事情自然展開，然後跟隨它繼續前進。

你必須找到根，亦即「你是誰」，才能展開專屬自己的人生。少了自我，你的流動就會沒有方向。你必須練習領悟這一點——而你領悟到的，其實就是自己。

李小龍說：「當我觀察四周，我總是能學到一件事，就是永遠要做自己、表達自己、對自己要有信心。不要到外頭尋找成功的人格並複製它。從你的根開始，也就是『我如何成為我？』」他相信達成這項核心價值、穩固自己，正是一個人能夠達到的最高境界。

而從這個穩固、知性與真實之地，我們可以發展自信、成就、優勢與平靜，就像我們在主導整個強大的風暴之眼。

我們是漩渦，中心是一個永恆不動的點，但一形成之後速度會越來越快，就像龍捲風一樣（中心保持不動）。核心處於現實，而漩渦卻是一種現象，就像多維度的力場。堅守核心吧！

就是這種心境，讓李小龍在一九七三年能夠堅守立場並甘冒風險，只為了忠於自己。

成為完整的自己，就是得到完全的自由——在心理、情緒、精神上都不受別人的力量控制，而是能夠為了自己而行動。如果你害怕自己因為這麼做而損失太多，那就把這些損失想成「本來就不是你該得到的東西」。如果想知道我說的是不是真的，唯一的方法就是自己去嘗試。

到目前為止，對於如何活得強大、自由且完全表達自己，我已經談了很多，但在你自己深入思考「水之旅程」之前，我還想再給你一點幫助。我想證明一件事，上述這些成就的達成，其根本都來自深度的平靜。

如同「水中之月」，倒影不會隨水流消逝

還記得李小龍的〈我的目標〉嗎（請參考第五章）？他表示自己的目標是成為成功的演員與武術家。而在這份文章的最後，他說這些成就都是為了要活在內心的和諧與快樂中。內心的平靜，正是真正深層的力量。

請記住，在產生一切事物的「空」之中，並不存在任何事物。它是「虛」、「空間」，它是「靜」。就像颶風最平靜的地方，在於它的中心。正如李小龍所說：「真正的靜，是

動中之靜」。

對我來說，這意味著當我們了解自己並接受自己，就能獲得坦然的平靜。我們沒有疑慮、我們很真。這種安全感中帶有平靜，而我們產生的真實力量即源自於此。我們能夠從這個絕對的地方、這個極度安靜且無限的空間，行動並且面對人生的未知事物。

想想看，你要下多少功夫，才能平靜且優雅的面對所有挑戰？大發雷霆、被激怒、好勇鬥狠，都是很容易的事情。若你想準備好面對對手（或面對自己），並覺得自己對可能發生的事已做好準備，就需要一種自信且寧靜的力量。這是一種堅定不移的平靜、一種深層的靜止、一種強大的認知。

我喜歡想像自己心窩的中心，是點綴星光的黑色空間，被小卻明亮的螺旋狀銀河圍繞著。這樣能幫助我記得，「空」是我的一部分，而我能夠接近無限。每當我覺得受限或過於保守，我就會試著重回自己小而浩瀚的意志中心，並提醒自己，無論我的外在局面是什麼樣子，我的內在都不會受困，「我」是無邊無際的。

李小龍說這叫做成為「水中之月」。不妨想像一輪滿月在流水中映出倒影。流水一直在動，但哪怕再怎麼流動與翻騰，月亮依舊維持它的靜謐。

水一直在流動，但月亮依舊維持它的靜謐。心為了回應一萬種情況而動，卻也永遠維持不變。

千手觀音強大的原因，在於祂已不需要思考

李小龍很敬愛觀世音菩薩。我家就有好幾座觀世音的雕像——花園有一座大型的石雕頭像，還有一座等身大的全身木雕像，菩薩坐著，並且隨性的朝觀者彎曲其中一條腿，像是在回應對方。

小時候還住香港時，我就很喜歡坐在菩薩的大腿上。祂的大腿剛好適合我嬌小的身體。對我來說，祂就是避風港，慈悲與憐憫的女神。直到現在，祂在我心中還是有特別的地位。在東方的宗教中，祂是遍及各種文化的女神。祂受到印度、中國、日本、韓國、東南亞（或許還有其他地方）的敬仰。祂的特質經常令人聯想到西方世界的聖母瑪莉亞。

李小龍喜歡以觀世音為例，說明流動之心或水中之月——自由的隨著流水而動，卻同時維持寧靜與完整。以下是他藉由描寫菩薩來闡述自己的道理：

觀世音，慈悲的女神，祂有時會被描繪成有一千隻手臂，每隻手臂都握著不同的法器。

假如祂的心為了使用一種法器而停下來，那麼其他九百九十九隻手臂都將派不上用場。

正因為祂的心不會為了使用一隻手臂而停下來，而是自然的從一件法器移到另一件，祂的所有手臂才能發揮最高的效率。因此這種形象是為了闡述一個道理：當你實現終極的真理時，就算你有多達一千隻手臂，也還是能流暢的讓每隻手在各方面都派上用場。

由此可見，前面所談到的「不受煩擾的自由」，是我們必須追求的心性——也就是被賦予無限可能性的心。它可以思考、夢想、相信、想像、看見、啟發、掌握任何事物。流動之心可以同時主導一千隻手臂，卻不會礙到任何一隻的功能——心會遵循它的路線，就像流水中的許多潮流。我們要練習的，是接受一切，卻不讓自己的注意力被侷限。心不會因為感受到一件事物就停下來，而要感受一切。

動卻也不動，緊張卻又放鬆，觀察一切事物的發展，卻完全不因它們的轉折而焦慮，沒有刻意的設計與算計，沒有任何預期——簡單來說，就是像嬰兒般純真無邪的站著，卻有著最深的智慧與完全成熟的心智所產生的機靈。

李小龍說，虛假之心（誤導自己的心）就是太聰明、太有效率的心（聰明反被聰明誤）。

它無法從一刻前進到另一刻而不進行過多思考——這會阻礙它的自然流動性，進而阻礙創造力、真實表現與自由。輪子如果跟輪軸卡得太緊就無法轉動，而當心思卡得太緊，焦點太窄或太執著，就會覺得每個動作都綁手綁腳（就像在泥濘中寸步難行），而且沒有任何事情是自發性達成的。

「自發性」聽起來或許有點輕浮，有點像是一時興起就拋下一切跑去度假。但李小龍認為自發性是神聖的，對他來說，自發性反映了一種狀態——結合了本能與自信的靈感，得以在使命到來時立刻執行。自發性是真正的魔法，就像一道光或閃電般引導你；就像對手尚未出招之前，你就給了他一拳。

我記得《龍爭虎鬥》有一場戲，李與一位名叫敖家達的反派在比武大會上對決。他們摩拳擦掌準備一戰，而在敖家達還不知道怎麼回事之前，李就已經把他擊倒在地。這就是一次立即出招，它是最有效率的直覺性自發動作，快如閃電。

> 在有意識中變得無意識，或在無意識中變得有意識，就是涅槃（nirvana）的奧祕。行為既直接又即時，完全沒有思考介入使動作中斷的餘地。

為什麼這是涅槃的奧祕？因為所有懷疑、事後諸葛、憂慮、分析、批判、渴求、偽裝與完美主義，這些大量耗費我們能量的事物，在此處都不存在。在這個活動的「空」之中，一切都是即時的，而「空」是從完全真摯的自己而來。當我們透過訓練了解自己，我們就會獲得坦然與自信。

藉由成為最原本的自己，我們達到養成的第四階段，這是很超凡的感覺，甚至有種達到涅槃的境界。

回想一下你曾經感到嚴重疼痛的時候，像是牙痛或偏頭痛。還記得疼痛消失後，你終於可以全身放鬆的感覺嗎？你的肩膀不再縮到耳朵附近、感覺到自己呼吸順暢，下巴與腸子不再緊張，頭腦清晰，你可以再次集中精神。這種感覺就跟活出真實的自己一樣，放鬆卻堅強、平靜卻熱情。準備好迎接（或攔截）每一刻的展開，無論它會將你帶往何處——這就是涅槃。

認識並運用無限的精神力量吧。這種無形狀態，代表宇宙的真正力量。它是有形之物的種子。它就是空性，所有形式皆由此而生，任何人只要實現這種「空」，就能充滿所有生命的力量與愛。

成為人生的藝術家，最好的素材就是你自己

還記得李小龍在一九六二年寫給曹敏兒的信中，說他能感受到內心的強大力量嗎？請記住這件事——因為這股力量、這股創意的浪潮，也存在於你的心中，任你運用。

現在花點時間，真正感受這股力量吧。閉上你的眼睛（也可以不用閉）、坐著深呼吸，不要集中精神，而是刻意放鬆。將知覺擴散到全身。你感受到什麼？你能感受到全身的活力與能量嗎？你能感覺到自己正在擴展嗎？你能感受到生命力在活化你的細胞嗎？你能感受到這種本質發散至全身，任你運用嗎？

這就是你的本質。這就是你握在手裡，卻從未動用的力量。激發並釋放自己的本質，就是我們的目標。

當一個人刻意去實現自己內在的巨大精神之力，並開始在人生中運用這些力量，他的未來將不可限量。想提升我們的潛能，就要讓自己每一刻都用力的活著。相信我們內在的生命力吧！

記得李小龍在〈我的心路歷程〉中說的話嗎？他最想成為「人生的藝術家」。藝術家就是創作者，他運用原料與環境，創作來自靈魂深處的事物。人生的藝術家每一刻都在創造自己的人生，他有選擇與創造的能力，因此他既強大又自由。

李小龍曾說截拳道的訣竅，就是「研究自己的經驗，拒絕沒用的，接受有用的，並加上真正屬於自己的。」

活著，就是透過創作來自由表達自己。我必須說，創作絕對不是固定的東西，李小龍頂多代表一種可能的方向而已，就這樣。你可以自由做選擇，並表達你本能的潛在可能性。我每天都在實現自己，希望能成為人生的藝術家！在人生中，你唯一能要求的，就是實現你的潛能，並且來真的！

李小龍的人生哲學

- 截拳道就是表達自我的最直接方式。
- 不要將所有焦點與精力放在你的職涯上，以為你總有一天會滿足與快樂。請努力讓自己滿足、快樂，然後將其貫徹在你的職涯與餘生吧。
- 真正的靜，是動中之靜。
- 水一直在流動，但月亮依舊維持它的靜謐。心為了回應一萬種情況而動，卻也永遠維持不變。
- 動卻也不動，緊張卻又放鬆；觀察一切事物的發展，卻完全不因它們的轉折而焦慮；沒有刻意的設計與算計，也沒有任何預期。

第十章

李小龍最愛用的四個字，我的朋友

李小龍經常在著作中使用「我的朋友」這個詞，
例如：「勇敢向前進吧，我的朋友」、「往前走吧，我的朋友」、「化為水吧，我的朋友」。
「我的朋友」是環繞著你肩膀的手臂，意思是李小龍認為你跟他之間存在著相互的羈絆，你是他想聯繫的人。

李小龍在一九七三年七月二十日過世，死因為腦水腫。驗屍報告認定這是因為頭痛藥的過敏反應所造成的。關於他死因有許多理論，從幻想的（被忍者殺了、被點了死穴或被黑幫老大殺掉）到醫學上的（他死於過敏、癲癇或熱衰竭）都有。我們可能永遠不知道他的真正死因，但我可以接受這件事。如果把焦點放在他的死，而不是他的人生，那就像看著手指而不是月亮，而對我來說，這才是真正的損失。

在李小龍過世後，香港舉辦了大型的公祭，但他最後並沒有葬在那裡。我媽決定把他帶回西雅圖（他們相識相戀的城市）安葬。對於傳統香港人來說，這個決定引起很大的爭議，因為他們認為李小龍是土生土長的香港人，但對我媽來說，最重要的是讓丈夫陪在孩子身邊，並讓他回到悟出平靜、本質與啟發的地方。

李小龍總說他在香港打拚的日子只是暫時的。他的理想是將加州當作最後生活與工作的重心，也經常說想在黃金歲月時就退休，然後在西雅圖這個與我媽的相戀之地度過餘生。親朋好友在西雅圖湖景墓園（Lake View Cemetery）替他舉辦了小型的私人葬禮，因為他的許多想法與興趣都是從這裡發芽。這是我看過最美麗、最別緻的墓園。替他製作墓碑時，我們思考並討論了許久。最後我們決定放上一張照片，以及所有與他有關的標識性資訊，底下則有一面平臺與地面平行，再放上一本由石頭雕刻成的書。

書上其中一頁印著李小龍的核心圖騰（來自第四階段）——陰陽圖騰，周圍是箭頭與

▲李小龍位於西雅圖之墓

中文字寫的「以無法為有法，以無限為有限」。另一頁則寫著：「你的啟發，持續引導我們邁向個人的解放。」

當時認識李小龍的人，都深知他是一位傑出的思想家與行動派，他們知道自己能夠以他的言語與行動為例，融會貫通許多事物。他們完全領略他的真誠與活力。光是花時間與他相處、向他學習、跟他在一起，他們就從他身上吸收到許多事物。

李小龍的能量與正直，非常顯而易見且動人，並具有啟發性。最近我看到一句名言，我覺得很適合用來形容他的人生：「真正的精湛技藝就是一種服務。」

對我來說，它意味著一個人的精湛技藝所傳達與表現出的能量，木身就是一種服務，因為它能振奮並啟發其他人，讓我們了解人生的可能性。當你點亮自己的光，就會有更多光出現，最後每個人都有光。

李小龍啟發了（甚至可說「征服」了）所有與他接觸過的人。他示範了什麼叫做全然的創意、表現力、真正的強大以及個人能力的解放。他不像一般人一樣易於束縛自己，而你可以看見、感受到，進而了解這一點。我不是說他完美無缺（他絕對跟你我一樣，只是個凡人），但他確實在邁向一個境界，而這個境界我們只能在遠處讚嘆。

交流的最好方式，把所有人都當作「我的朋友」

黃錦銘是我的截拳道師父，也是我父親的摯友，有一次我請他告訴我，李小龍有沒有什麼事情是大家不知道的？他說大家可能不知道李其實很慷慨、很會關心別人。

他接著告訴我一個故事，說李小龍曾幫他振作起來，讓他可以交到女朋友。李帶他去買衣服、剪頭髮、買舉重器材，還為他量身打造了健身計畫，這樣他就會看起來很帥，也就有可能約到女生。過沒多久，黃錦銘就認識了一生的摯愛，並且結婚了。

李小龍在奧克蘭學院的朋友兼助教嚴鏡海，曾經被癌症所苦，而李接手了他的寫書計畫，幫他寫完後出版，這樣嚴鏡海就可以用稿費付醫藥費。

李小龍在西雅圖首次認識木村武之時，武之非常害羞、內向，雖然他比我爸大了十六歲。他在二戰期間曾經被囚禁在美國的美籍日僑拘留營，因此很自卑且罹忠憂鬱症。李小龍與他建立友誼，並幫助他走出陰霾，兩人也成為最好的朋友。

後來木村成為李小龍第一間功夫學院的首位助教，也是我父母婚禮的最佳伴郎。李小龍寫過很多鼓勵與建議的信給他，至今木村與他的學生們還是會在西雅圖幫李小龍掃墓。木村現在（二〇一九年）九十六歲了，但每次想到李小龍的友情與支持，還是會熱淚盈眶（木村於二〇二一年一月逝世）。

這只是其中幾個關於李小龍心腸很好的故事，當然也有許多心腸很好的人支持他，尤其是我媽。我講這些故事，並不是在誇他有多了不起，而是這些故事能展現出李小龍的另一面。例如他很常說「我的朋友」，這個詞不單指他現實中的朋友，也是指他的所有人類兄弟姊妹。

或許李小龍身為武術家，給人的印象多半是很好戰、強硬的（而他當然可以擺出這個樣子）。但我相信李小龍能夠如此接納所有人、所有事，其中一個原因，正是因為他身為武術家的經驗。

李小龍理解到，我們從一開始就是一家人，相似之處比相異之處還多。他打破傳統的流派，追求流動性與活在當下，並誠實表達自己，都是因為他覺得流派會區隔人們。他常說：「沒有所謂的中國武術或日本武術，因為除非人有三頭六臂，否則沒有其他武術。」

當然，我知道有些技藝必須透過特定的文化與大師才能成長，李小龍當然也了解這一點。從一個武痴的觀點來說，他還滿投入其中的。他熱愛學習其他大師與武術，尤其在他年輕時，他非常沉迷於人們研創武術的方式。

但李小龍的「沒有所謂的中國武術或日本武術」，意思是這些文化與大師（這裡剛好以中國與日本為例），都是根據所處的時機與局面，想出最好或最有效率的方法——而所有人都應該如此。

我們不該受限於文化或其他人的概念，而更重要的是，我們不應該敵視或輕視別人的想法，而是應該接納它們，把它們視為對方的獨特表達方式。

武術可能不是你的「菜」。一個人要夠特別——應該說夠有心，才會如此深度鑽研武術。練武之人，多數都是從一個流派開始，然後就不換了，因為我們喜歡這個流派，認為它是很好的鍛鍊方式，可以幫助我們發展紀律、力量與自信，但我們不會去探索並自創流派。我們頂多意識到自己可以更漂亮或更有效施展某個招式，例如稍微變換一下角度之類的。

我想說的重點是，你不該只將「化為水」的態度運用在目前的訓練、工作或職涯。我們可以將這些構想與練習，運用在日常生活中的一切事物——工作、家庭、休閒、友情、戀情、事業夥伴關係等。因為這些事情我們每天都會遇到。

我們每個人都在用自己獨特的聲音與特徵，創造並表達自己的存在。而我們全都屬於同一家人。本章開頭的名言，出自李小龍在一九七一年的訪談。加拿大脫口秀主持人皮耶．伯頓（Pierre Berton）問李小龍，他認為自己是中國人還是美國人？而他則回答，他其實喜歡把自己想成凡人。

因此在這種背景下，我們水之旅程的最後四個字：「我的朋友」，突然就不只一種表示是親切的結尾而已，而是極度重要且不可或缺的人性、溫暖、鼓勵與團結。李小龍經常在著作中使用「我的朋友」這個詞，例如：「勇敢向前進吧，我的朋友」、「往前走吧，我的朋友」、「化為水吧，我的朋友」。

「我的朋友」是環繞著你肩膀的手臂，意思是李小龍認為你跟他之間存在著相互的羈絆，你是他想聯繫的人。而關於整體性的概念，我已經談了很多——看見全部、接受全部；不批判、不切割現實，處於投入且積極的人際關係；順其自然，與阻礙共處而不抵抗它，隨著變化而變化；與其合作不如競爭，從「無」之中創造事物；所有事物都是開放的，並且充滿可能性。

然而這種整體性也是人類創造出來的，因為我們想用同樣的理解、關愛、接納與同情心（我們學會這些態度以展現自己）去親近別人。

道家的原則是「整體是不可分割的」，它從很早以前就主宰了李小龍的思考方式。或許在他小時候還沒意識到，但等他長大、變成熟後，就開始覺醒，更強調這些概念並在自己身上表達它們。

或許也是因為他個人的種族與文化經驗，促使他用同樣的態度對待每個人，不過，他同時也相信「人會因為階級、文化、價值觀或種族而有獨特的魅力」，畢竟這些細節都是共同人性中的個別特色。

只是對李小龍來說，更重要的是：身為人類，你是怎麼活在這世界上的？你有投入生活嗎？你有關心自己與自己的人生嗎？你待人體貼嗎？你有試著成為更好的人嗎？你的言行一致嗎？對李小龍來說，這些才是重要因素，無論你的膚色為何。

李小龍曾說：「假如每個人都幫助他的鄰居，就沒有人會得不到幫助。我不是那種不理睬別人的人。更何況我覺得，假如只花一點時間就能讓別人快樂，那麼何樂不為？」

我們經常聽到「同情心」、「同理心」與「無條件的愛」，它們都是很棒、很崇高的字眼，不過感覺有些遙遠。但假如我們從更簡單、更普通、大家都會的事情開始——像是「我的朋友」這句話，它就能成為一條途徑，更輕易引領我們達到更崇高的特質。

刻意藉由「朋友」、「鄰居」甚至「熟人」（假如你沒什麼朋友）獲得能量，再讓這股能量充滿你與他人的互動過程，就會大幅轉變你待人處世的方式。練習刻意與所有人（而不是只跟好相處的人）做朋友，當然不是一件容易的事，但既然我們是在訓練自己完全發揮潛力，那就順便訓練自己的接受度、同情心與友情吧。

我們對待某個人的方式，其實就是我們對待所有人的方式。意思是說，你或許本質上是個體貼的好人，但你就是無法忍受某個鄰居，無論何時見到他，你都對他很冷淡。或者你很討厭吵鬧的小孩，一有機會你就怒瞪他們的父母。

或許你很輕視流浪漢，在同事背後說他壞話；或是覺得你前面的老人家走太慢、讓你覺得很煩；又或者你就是不喜歡養貓的人。重點是，假如我們鄙視某人，那我們總有一天也會鄙視自己關心的人——接著，我們就會順理成章的把人區分成「好人」與「壞人」，而不只是「人」。

我不是說你必須對每個人都抱持一團和氣的態度，並原諒別人的不良行為。有時你必須挺身對抗那些引起恐懼與仇恨的人——這麼做的同時，你還是可以對人生與人性抱持尊敬的態度。以仇恨對抗仇恨，只會更加壯大它。

或許你可以這麼想：有效改變的最佳方法，就是愛你周圍的人、你每天都會接觸的人。在你的日常生活中，選擇相信別人，以同情心對待他們，接受他們的為人，相互包容，同時讓自己成為堅強且問心無愧的體貼之人，成為別人的光與模範。

你可以，也應該與人交流，愛他們，並試著邀請他們加入和諧共存的夢想，但你無法控制任何人，除了你自己——所以你會想怎麼面對這個世界？你想怎麼回應？你會怎麼展現對人性的尊敬？

真正的戰士，擁有強大的同理心

一九七一年，李小龍在香港接受加拿大脫口秀主持人皮耶．伯頓的專訪。皮耶問李小龍，好萊塢真的有歧視嗎？他有遇到嗎？李小龍說，很不幸還真的有，而且正因為這樣，本來有一部影集要找他演，後來沒有成真。但接著李小龍說了非常有趣的話。

他沒有長篇大論的批評自己的人生有多麼不公平，或好萊塢的片廠有多嚴重的種族歧視，也沒有因為懷才不遇而憤恨不平，反而表示這是可以理解的。他說：「我不怪他們。香港也是這樣。如果有外國人要來演戲，而我是出錢的人，我應該也會擔心他是否能被本地觀眾接受吧。」

但他繼續說，他雖然理解這個情況，卻不會改變心裡的目標：「我已經下定決心，東方人——我是說真正的東方人，應該要在美國被大家看見。」事實上，他沒出演任何一部美國影集，之後卻演了四部「半」的影壇神作，這些電影風靡全世界，並影響了世界各地好幾世代的觀眾——當初假如有演出電視影集的話，就不可能達到這個地步了。沒演到那部影集，反而讓他踏上另一條更強大的道路，因為他並沒有心懷怨恨——他維持初衷與豐富的表現力，不放棄自己的夢想，他繞過了那些阻礙，然後採取了行動！

李小龍知道一個片廠高層不知道的祕密：這些高層認為他的實力不容小覷，但他們的思考被恐懼給蒙蔽了，而且他們只重視錢，不理解與重視個人，害怕被批評或不被美國觀眾接受。而這些缺點都是片廠的，不是他的。所以李小龍開始追求自己的事情——追求夢想、表達靈魂，並完全忠於自己而活。

種族歧視與偏見是世世代代傳下來的傳統觀念，即使我們不會直接傳達種族歧視的看法，至少我們的恐懼、壞習慣與缺點也會傳達，而這樣會更加鞏固存在了好幾世代的窠臼。我們無法彌補過去，但假如我們敞開心胸，希望為自己與所有人帶來更好的事物，我們就擺脫這些模式與傳統，看見世界為我們指引的方向。

假如能夠看見、理解與承認自己的錯誤與缺點，我們就有希望轉型自己，進而轉型我們與周遭之人的人生。只要了解自己，創造出不可動搖的初衷，並將其根植於我們的存在之中，我們就能培養強大的同理心。

李小龍曾說：「人這種生物，是善於創造的個體，要比任何既定的流派或體系來得重要。」請稍微停下來思考這句話。

你有這樣生活嗎？你有讓周圍的人成為你人生中最重要、最寶貴的部分嗎？或者你比較相信某些文化習俗，說你應該只把人類想成沒有身分與特徵的群體？

假如你突然對周圍的人真正感到興趣，並且不再抱持批判與假設，那會發生什麼事？假如你對別人的經驗產生興趣，或試著理解他們的成長過程呢？假如你伸出象徵友誼的手，圍繞他們的肩膀，並把他們想成朋友呢？

許多曾經對抗、歧視特定族群的人，因為發現自己與相異的人有某種巧合般的聯繫，或者終於理解、愛上相異的人，於是改變了自己的想法——同性戀、黑人、窮人、移民、穆斯林，無論對方是誰。當你關愛與關心過別人，就會讓愛毫無阻礙。突然間，你可以愛人了，不像之前只有恐懼充滿內心。

傳統與習俗有它們的益處，但它們也一定有其限制。以信仰構成的組織或體系，總是無法包容某些人。這些人會被排擠到圈外，變成「其他人」。

李小龍年輕時曾被逐出葉問的詠春拳，不是因為他行為不檢，而是因為他不是百分之百的中國人。

他們發現李的母親有一半的歐洲人血統，所以他只是四分之三的中國人。當時的傳統使他不被當成完全的中國人，因此不能學習中國功夫——隨後引起了軒然大波。

葉問不想驅逐李小龍。事實上，李小龍是他最好的徒弟之一，但他如果不驅逐李小龍，就無法維持門派的平靜，因為只要李小龍留下來，其他徒弟就會威脅要離開。這攸關葉問的生計，所以他只好遵從傳統。

不過葉問想出一個變通的方案，就是私底下訓練李小龍，而他最資深的徒弟黃淳樑也一起幫忙訓練，但無論如何李小龍都無法留在學院裡。或許正是因為這次經驗，李小龍日後創辦學院時更加堅持一個原則：只要是真正渴望學習的人，他都願意收為學生，不分種族、性別或背景。

但也有可能是因為，他是在二戰期間被日本占領的香港長大的，或是他在貫徹自己對於道家的哲學性理解。不過我覺得這種「凡人優先」的原則，是所有人都可以，並且真正需要完全採納的，這樣我們才能跨越隔閡、體察人性。

我媽總是說李小龍能夠「看穿」別人。意思是，他會直視對方的眼神，而不是只看對方的外在形象。在李小龍的成長過程中有許多因素，讓他構成了這種態度。

首先，他在美國出生，卻在香港長大，而且還有著歐洲人血統；他住在中國的一個大城市裡，這個城市卻受英國統治；他從小就在演藝事業工作，所以跟他相處的人都是比較開放、有創意的性格。

李小龍這輩子經常體驗到種族歧視與偏見——對好萊塢來說，他太「中國」，而對香港來說，他又太「西方」。除了他的太太與小孩，他沒有大家族可以依靠，所以他只有刻意選擇排外或是包容兩種選項。而包容能夠使他接觸到更多人、想法、經驗、友誼與可能性，這也讓他的世界更大且更有趣。

許多人依舊被傳統束縛，當老一輩的人說某件事「不行」，那麼這些人也會不允許這件事；如果長輩說某件事是錯的，這些人也會認為它是錯的。他們鮮少用心去找出真相，也很少真摯表達自己的真實感受。

其實真相很簡單。像種族主義這類的觀點只是一種傳統，它就只是根據前人的經驗所定下的「公式」。隨著我們的進步與時間的演變，有必要改革這個公式。

我，李小龍，永遠不會遵循這些恐懼製造者的公式。所以無論你的膚色是黑是白，是紅是藍，我都能毫無隔閡的與你成為朋友。假如我說「太陽底下全是一家人」，你可能覺得我太過理想化。但任何還相信種族差異這類觀念的人，我會覺得他們心胸太狹窄了。或許他們還不懂愛。

當學生準備好時，老師就會現身

還記得我們的陰陽原則嗎？我談到所謂的「對手」，其實就是整體性的相關表現。還記得「答案絕對不會與問題分開，問題就是答案所在」嗎？這裡再提供一個觀點上的轉變，你可以思考一下。

我談過讓錯誤成為你的朋友——親近你的阻礙，直到它變成機會與解答；我也談過培養積極性、熱情、意志力的心態與工具。現在讓我來談談，怎麼將挫折化為你的老師。痛苦會教導我們什麼？如果我們帶著開放的概念、想法與處世之道，真正與自己的靈魂痛楚共處，那麼痛苦就會教導我們擺脫痛苦。

痛苦是很好的老師，因為當我們受苦時，就會非常渴望停止受苦，接著我們就會有動機去嘗試改變它。

如果我們想要徹底轉化痛苦，如果我們想要舒緩它們，那我們就必須仔細觀察造成自己與他人痛苦的所有原因，然後學會反其道而行、調整尺度。

我們可以學會重回平衡，回到更中立的位置。這需要決心與高度的警覺心，但假如你想聽課，老師與課程永遠都在等你。之前我們透過「永遠的學生」的觀點了解到這件事，而現在我們也有機會選到這門課了。

心胸狹窄使我們學會包容別人；批判使我們學會接納別人；戰爭使我們學會和平；恐懼使我們學會愛；陰影使我們學會光明。敞開你的心胸，重新平衡看待外界的尺度，去看看你還沒看過的地方。就像當你在尋寶時，如果已經知道寶藏不在某個地方，你就不會一再往那裡去。

當你發現車鑰匙不在平常的地方，你會怎麼做？你會去看看你沒想到的地方。有時你的鑰匙跟你昨晚買的蛋一起放在冰箱裡。有時它就放在平常會放的地方，但你一開始不知怎的就是沒看到。而有時你得拖著車去找經銷商，然後拿一把新的鑰匙，因為你不知道鑰匙死到哪去了！

你有多麼想過著平靜、喜悅、活力十足的生活？有想到要拖著車去找經銷商嗎？有想到要去考慮之前沒考慮過的事嗎？

轉變觀點有那麼恐怖嗎？這是在改變，而我知道改變會令你覺得有風險，但是把受苦當成常態，過著既不圓滿又停滯不前的人生，風險似乎更高。何不接受挑戰，選擇從挫折中學習，從這些充滿機會教育的時刻中學到教訓呢？

最重要的是，我們要在體貼的氛圍中進行這件事。對別人的處世之道要體貼，而在我們尋找自己的處世之道時，也要對自己體貼。對自己伸出友誼之手，拍拍自己的肩膀，然後忘掉過去的缺點，同時謹記教訓向前進。你們有許多人已經克服並度過一些真正艱困的事情。

在訓練時，把你自己想成超級英雄。假如你還是動彈不得，那也沒關係。然而怪罪自己只會讓你心情不好，這段歷程就會更不開心，然後拖慢你的進度。你怎麼看待跟你一樣逆境的朋友？你能從逆境中學到什麼？你能既是學生又是老師嗎？我的朋友，你願意將心胸敞開到什麼程度？

李小龍長壽的原因——他的精神啟發了世人

有一句名言，經常會被世人以為是李小龍說的（因為這句話剛好就刻在他墓碑對面的長椅上），但其實不是。這句話是：「永垂不朽的關鍵，就是先活出值得紀念的人生。」

雖然李小龍活在世上的時間並不久，但事實上他非常長壽——幾十年後，我們還是能感受到他的影響力。雖然我花了很多心力，持續推廣並保存他遺留下來的事物，但就算沒有我，他還是會繼續被世人記得。因為他的人生本身就充滿了啟發性與可能性。

他是一位表演者，也是我們的老師、朋友，更可以是我們的家人。他的精神包含了團結與光明的能量。如果我要形容他給我的感覺，他就像金黃色的陽光在蕩漾的海浪上閃爍，宛如一千個光芒四射的太陽，令你目眩神迷，帶給你滿滿的驚奇，並邀請你向前邁進。

二〇〇五年，波士尼亞的莫斯塔爾市，立了一座李小龍的雕像。我和每個人一樣都超級驚訝，撕裂整個區域的內戰結束後，由於多數市中心的紀念碑都被摧毀了，不同陣營一起討論要先修復那些紀念碑。當然，他們針對各種象徵符號與其意義起了許多爭執，許久無法達成共識。

直到某人提議，他們可以立一座李小龍的雕像。對，你沒看錯。就是李小龍。

籌備人員談到他們的決定：「李小龍的精神是我們的共識。」對他們而言，李小龍是對抗種族隔閡的象徵。他被視為連接文化的橋梁，使大家團結起來，並令他們感到振奮。

而李小龍自己從來就沒有特別想永垂不朽。事實上，談到人生與職涯時，他說他完全不知道自己會產生這種影響。而我非常肯定，他也絕對猜不到波士尼亞會有他的雕像。

李小龍只是過著完全忠於自己的生活，並盡可能表現出善良與真誠之人。或者我們可以說，他就是那種「來真的」的人。

我不知道死亡的意義，但我不怕死。我會永不停歇的向前邁進，就算我李小龍有一天，可能還沒實現所有抱負就死了，我也不會後悔。我做了自己想做的事，而我做過的每件事，都是盡心盡力去做的。這樣的人生再圓滿不過了。

你要過的人生就是你當下正在過的人生——不是「找一天來處理事情」或「發生了某件事令你很開心」的那種人生。人生就是人生，流逝的每一刻、每一天，都是你的人生。

請記住，**你並不是要努力成為李小龍。你要成為說到做到的人，成為真實且完全活在當下的人，成為技術熟練的人（因為你有花費時間與心力練習重要的事情），成為有強大能量的人——你要振奮所有你接觸的人。**

這一切並不需要外在頭銜——像是「史上最偉大的武術家」、「諾貝爾文學獎得主」、「本月最佳員工」、「最棒的媽咪」之類的。請記住，頭銜會產生限制。這些標籤只描述了「你」這個人的其中一個面向而已。但假如你一定要有個頭銜，我認為最棒的那個或許可以是「充分表現自己的凡人」。

李小龍的人生哲學

- 假如每個人都幫助他的鄰居，就沒有人會得不到幫助。
- 人這種生物，是善於創造的個體，要比任何既定的流派或體系來得重要。
- 假如我說「太陽底下全是一家人」，你可能覺得我太過理想化。但假如任何人還相信種族差異這類觀念，我會覺得他們心胸太狹窄了。或許他們還不懂愛。
- 永垂不朽的關鍵，就是先活出值得紀念的人生。
- 就算我李小龍，可能還沒實現所有抱負就死了，我也不會後悔。我做了自己想做的事，而我做過的每件事，都是盡心盡力去做的。這樣的人生再圓滿不過了。

後記

我現在必須離開你了，我的朋友。你的前方還有很長的旅程，而你必須輕裝上陣。我這些話頂多只是「指著月亮的手指」。請別把手指當成月亮，或是緊盯著手指，因而錯過了所有來自天堂的美麗之光。畢竟手指的用處，就是從自己的位置指出去，指向那道照亮自己與所有事物的光。

從現在起，拋下所有成見的包袱，並且向前方所有人、事、物「敞開」你自己。請記住，我的朋友，杯子何時能發揮用處？只有當它是空著的時候。

——李小龍

致謝

沒有我父親李小龍，這本書就不會存在。但沒有我媽的話，這本書也一樣不可能會出版。我爸寫了這些字，並研創了武術，但我媽才是讓我們所有人能在追求目標的過程中成長的功臣（而且到現在依舊如此），我爸媽一起過著最充實的生活，就像一個團隊。

假如我媽沒有認真保存他的著作，並在我成長的歲月中把它們拿給我看，世人就無法對李小龍有如此個人化的見解，包括我在內。媽，感謝妳保存我們家的遺產，感謝妳愛我，感謝妳教我體貼與關心，感謝妳把我養大，讓我能做自己想做的事。我愛妳。

國豪，我每天都很想你。感謝你這個超完美的大哥，在許多方面都陪伴著我。即使到現在，我依舊感覺你在我身邊。

如果沒有我女兒芮恩，我現在就不會成為更完整、更負責的人。芮恩，妳幫助我發掘自己。妳是我最偉大的老師，我最深的愛。妳的靈魂是如此的美麗，而我對於我們既深切又自然的母女關係，感到非常感激。身為妳的母親是一種榮幸。妳是最棒的女兒，我愛妳。

給李小龍家族公司的同仁：席妮・威爾森（Sydnie Wilson）、克里斯・哈斯本德（Chris

Husband）、莉迪・沃克（Lydy Walker）、潔絲・史考特（Jess Scott），感謝你們如此支持我。你們給我時間與空間在家寫作，而且你們總是如此正向、鼓舞人心。

感謝你們成為我的同事與朋友。席妮與克里斯，感謝你們不只同意我，還真心挺我，跟我一起搭上這臺雲霄飛車，並成為我的家人。

非常感謝雪倫・李，沒有她就沒有李小龍的 Podcast。雪倫是這個 Podcast 的催生者，而這個 Podcast 催生出本書。假如我們聊哲學沒有聊得這麼開心，我就不會吸引到 Aevitas 創意管理文學機構的亞伯特・李（Albert Lee）與珍・馮・梅倫（Jane von Mehren）的注意。感謝妳，雪倫。我永遠感激妳所激起的火花！

亞伯特與珍，感謝你們找上我這個新手，請我寫書——這是我一直想做卻不敢做的事情，你們的熱情、經驗與指引是無價的。感謝你們幫我找到出版社，還有珍，感謝妳整個流程自始至終的支持，妳是一個超級有愛心、溫暖且幹練的顧問。

感謝妮可・圖爾特洛（Nicole Tourtelot），妳是我的助手、我的知己、我的第二大腦，也是一位有實力的幹練技術員與寫手。感謝妳陪我走過從企劃書到最終定稿的流程。感謝妳成為我的耳與眼，如此用心傾聽，並幫助我組織與表達自己。妳對於這個題材的熱愛、妳的真誠、與妳好相處的個性，讓這段流程既快樂又平順。我很感激。

感謝 Flatiron Books 的各位。整個過程自始至終我都受到你們許多支持，未來也請多多指教。我非常感激。特別感謝鮑伯・米勒（Bob Miller）如此清楚理解這個企劃，並從一開始就熱心出版這本書，以及莎拉・墨菲（Sarah Murphy）以仔細、清楚、敏銳的編輯功力支持我。跟妳合作我很愉快，而且我很感激妳對這個題材的熱愛、妳的經驗與真摯的支持。

感謝人生中所有令我痛苦的「老師」。藉由我們之間既驚人又深刻的經驗，我也獲得成長並度過難關。感激你們帶給我的挑戰，讓我更深入審視自己。我愛你們所有人。此外還有許多美好、重要的人要感謝，他們協助塑造與支持我，但我只能提到其中一些人。

喬伊・馬格利斯（Joy Margolis），我的靈魂姊妹；東尼・李羅伊，我的光；麗姿・歐德斯—懷特（Liz Odders-White），我的老友；莎莎・伍德魯夫（Sasa Woodruff），我的Podcast促成者、朋友與美食同伴；凱寧・凱・班奈特（Kalyn Cai Bennett），我的新朋友，賜予我智慧的人；丹尼斯・張（Dennis Chang）與麥克・蘇利文（Mike Sullivan），振奮人心、風趣又超酷的合作夥伴。還有其他新朋友，感謝你們。感謝你們所有人，感謝你們的熱情，感謝你們在許多方面相信我、指引我與支持我。

二〇一九年，我說我想創造一個相互扶持的體系，裡頭都是真正關心我幸福的人，而我覺得自己和你們真的共享了這個體系。感謝你們。

給李小龍，感謝你成為我爸爸，感謝你如此深愛我，感謝你持續養育我到現在。

化為水吧，我的朋友。

國家圖書館出版品預行編目（CIP）資料

Be Water, My Friend 似水無形，李小龍的人生哲學：水很柔弱，卻能穿透最堅硬的物質，你感覺它平靜停滯，卻正流進任何可能的地方。／李香凝（Shannon Lee）著；廖桓偉譯. -- 初版. -- 臺北市：大是文化有限公司， 2021.04

304 面；17×23 公分. -- （Style；47）

譯自：Be water, My Friend : The Teachings of Bruce Lee

ISBN 978-986-5548-41-4（平裝）

1. 李小龍　2. 傳記　3. 人生哲學

782.886　　109021810

Style 047

Be Water, My Friend 似水無形，李小龍的人生哲學

水很柔弱，卻能穿透最堅硬的物質，你感覺它平靜停滯，卻正流進任何可能的地方。

作　　者／李香凝（Shannon Lee）
譯　　者／廖桓偉
責任編輯／張祐唐
校對編輯／蕭麗娟
副總編輯／顏惠君
總 編 輯／吳依瑋
發 行 人／徐仲秋
會　　計／許鳳雪
版權經理／郝麗珍
行銷企劃／徐千晴、周以婷
業務專員／馬絮盈、留婉茹
業務經理／林裕安
總 經 理／陳絜吾

出 版 者／大是文化有限公司
臺北市100衡陽路7號8樓
編輯部電話：（02）2375-7911
購書相關資訊請洽：（02）2375-7911 分機122
24小時讀者服務傳真：（02）2375-6999
讀者服務E-mail：haom@ms28.hinet.net
郵政劃撥帳號／19983366　戶名／大是文化有限公司

法律顧問／永然聯合法律事務所
香港發行／豐達出版發行有限公司 Rich Publishing & Distribution Ltd
地址：香港柴灣永泰道70號柴灣工業城第2期1805室
Unit 1805,Ph .2,Chai Wan Ind City,70 Wing Tai Rd,Chai Wan,Hong Kong
Tel：2172-6513　Fax：2172-4355
E-mail：cary@subseasy.com.hk

封面設計／柯俊仰
內頁排版／陳相蓉
印　　刷／緯峰印刷股份有限公司
出版日期／2021年4月初版
定　　價／新臺幣380元
ISBN／978-986-5548-41-4（平裝）
電子書ISBN／9789865548827（PDF）
9789865548810（EPUB）